비타민 우뇌 IQ

최신 문제 100개로 아이의 뇌를 활성화시켜
우뇌 영재로 키워 보세요!

9 → 10세 어린이용

소담 주니어

머리말

8세까지의 유아기 훈련 방식이 그 아이의 미래에 큰 영향을 미칩니다. 일본의 대뇌 생리학 권위자인 홋카이도 대학교의 사와구치 도시유키 교수는 "뇌의 변화는 평생에 걸쳐 일어나지만 뇌가 가장 크게 변화하는 시기는 확실히 유소년기입니다. 따라서 재능을 키우고 싶다면 8세까지의 어린이 뇌 교육에 무척 신경 써야 합니다." 하고 힘주어 말했습니다.

요즘 일본에서 주목받고 있는 피겨 스케이팅 천재 아사다 마오 선수는 유아기에 코치의 훈련을 철저히 받았기 때문에 지금이 있습니다. 또 천재적인 피아니스트와 바이올리니스트로 대표되는 프로 연주가도 2~3세에 처음으로 악기를 갖고 혹독한 훈련을 시작했습니다.

이것은 스포츠나 예술뿐만 아니라 공부에도 적용할 수 있습니다. 초등학교에 들어가기 전인 6세까지 철저하게 우뇌를 단련함으로써 대학을 졸업할 때까지 효율적으로 꾸준히 공부할 수 있습니다. 요컨대 이 시기에 우뇌를 단련하면 아이의 운명까지 바꿀 수 있다는 뜻입니다. 물론 6세 이후에도 우뇌는 점점 더 발달합니다.

이 책은 초급, 중급, 상급, 세 단계로 나뉘어 있고, 문제 수준이 단계별로 조금씩 높아집니다. 또한 각각의 단계에서 10문제씩 풀도록 고안되어 있습니다. 각 단계에서 10문제 가운데 8문제 이상 정답을 맞히면 다음 단계로 넘어가십시오.

채점란에는 제가 연구를 거듭해서 정의한 '우뇌 IQ 수치' 측정표를 붙여 놓았으니 꼭 참고하시기 바랍니다.

하루 5분이라도 좋으니 이 책에 수록된 문제를 푸는 시간을 아이에게 만들어 주십시오. 그것만으로도 아이의 우뇌 파워는 쑥쑥 향상되고 앞으로의 인생을 성공적으로 살아가게 될 것입니다.

고다마 미츠오

차례

머리말 3

우뇌 IQ란? 5

이 책의 사용법 8

★ 초급편 9

해답 소요 시간 · 단계 · 우뇌 IQ 수치표 10

    1단계 (10문제) .... 11~17
    1단계 (정답) .... 18~19
    2단계 (10문제) .... 20~27
    2단계 (정답) .... 28~29
    3단계 (10문제) .... 30~37
    3단계 (정답) .... 38~39
    4단계 (10문제) .... 40~48
    4단계 (정답) .... 49~50

★ 중급편 51

해답 소요 시간 · 단계 · 우뇌 IQ 수치표 52

    1단계 (10문제) .... 53~59
    1단계 (정답) .... 60~61
    2단계 (10문제) .... 62~69
    2단계 (정답) .... 70~71
    3단계 (10문제) .... 72~80
    3단계 (정답) .... 81~82

★ 상급편 83

해답 소요 시간 · 단계 · 우뇌 IQ 수치표 84

    1단계 (10문제) .... 85~92
    1단계 (정답) .... 93~94
    2단계 (10문제) .... 95~100
    2단계 (정답) .... 101~102
    3단계 (10문제) .... 103~109
    3단계 (정답) .... 110~111

우뇌 IQ란?

'우뇌 IQ'를 높이면 아인슈타인 같은 천재가 될 수 있습니다.

뇌세포가 극적으로 변화하는 시기는 유아기입니다. 유아기부터 12세까지의 어린이 뇌는 '쇠는 뜨거울 때 두드려라.' 하는 말이 있듯 커다란 가능성을 감춰 두고 있습니다.

저는 일본에서 최초로 '우뇌 IQ' 라는 개념을 도입해서 그 보급에 온힘을 기울이고 있습니다. 보통 'IQ 수치' 라고 하는 지수는 주로 수학적 재능을 판단하는 지능지수를 말합니다.

제가 개발한 '우뇌 훈련' 테스트를 대형 입시 학원에 다니는 초등학생을 대상으로 실시한 적이 있습니다. 그 결과 평소에 성적이 우수한 아이들이 대부분 뛰어난 '우뇌 IQ 수치'를 보였습니다. 하지만 그중에는 평소 성적이 그다지 우수하지 않은 아이들도 놀라운 '우뇌 IQ 수치'를 보인 경우가 있었습니다. 그 이유에 대해 학원 선생님들은 입을 모아 "그 아이들은 방정식을 별로 잘 풀지는 못하지만 정육면체의 전개도를 눈 깜짝할 사이에 조립하거나 다른 아이들이 알아차리지 못하는 도형의 잘못된 부분을 발견해 내는 능력이 뛰어납니다." 하고 말했습니다.

이 사실에서 알 수 있듯이 '우뇌 IQ 훈련'은 천재라고 일컬어지는 아인슈타인이나 레오나르도 다 빈치와 같은 재능을 키우는 도구라고 해도 과언이 아닙니다.

'결정성 지능'을 높이면 장수에도 도움이 됩니다.

인간의 지능은 '결정성 지능'과 '유동성 지능' 두 종류로 분류됩니다.

인간 문화재라고 불리는 사람들의 훌륭한 예술 작품이나 피아니스트 등 고도의 기술을 지닌 사람들은 '결정성 지능'을 극한까지 향상시킨 사람들입니다. '유동성 지능'은 주로 좌뇌가 제어하고 있지만 이 좌뇌만으로 기억시킨 기억은 너무나도 불안정합니다. 요컨대 나이를 먹어가면서 뭔가를 잊어버리는 '건망증'이 심각해진다는 겁니다. 이 '건망증'이야말로 진정한 '유동성 지능'의 전형입니다.

어린 시절부터 우뇌를 단련해서 결정성 지능을 향상시킴으로써 공부할 때도 우선순위를 정하는 힘, 미래를 내다보는 힘, 발상력 같은 기능을 활용해서 효율적으로 학습할 수 있습니다.

뿐만 아니라 아이와 함께 이 책에 수록된 훈련 문제를 풀어봄으로써 자신의 결정성 지능까지 높일 수 있습니다.

'결정성 지능'을 발휘하는 사람 가운데 장수하는 사람이 많은 이유는 우뇌의 활성화가 노화방지에 한몫을 하고 있다는 사실과 관련이 있습니다. 우뇌를 활성화하고 싶다면 뭐든 기회를 찾아내서 우뇌를 활용하는 습관을 기르시기 바랍니다.

이 책으로 '우뇌'를 적극적으로 활성화시키세요.

우뇌를 좀 더 활성화시키기 위해서는 왼손을 적극적으로 사용하거나 스포츠나 장기, 바둑 등과 같이 손가락 끝이나 두뇌를 사용하는 게임을 즐겨야 합니다.

이렇게 문자나 숫자를 떠나 비언어로 시간을 즐기는 기회를 만들면 우뇌는 자연스럽게 활성화됩니다. 이 책에 수록된 우뇌 활성 문제에 익숙해지세요. 그것만으로 우뇌의 기능이 틀림없이 향상될 것입니다. 나아가서는 직관력이나 집중력까지 높아집니다.

전체 인구의 겨우 2퍼센트라는 지능지수가 높은, 즉 IQ 148 이상인 사람들이 모인 '멘사'라는 천재 집단이 있습니다. 전 세계에 12만 명의 회원이 있고 영국에 지부를 두고 있는 곳으로, '멘사'에서는 독자적으로 퍼즐을 만들어 우뇌 기능 향상에 공헌하고 있습니다. 우뇌 IQ를 향상시킬 기회가 부족한 사람들의 우뇌를 활성화시키기 위해 저는 앞으로도 '우뇌 훈련' 개발을 추진하고자 합니다.

날마다 계속해서 '우뇌 IQ'를 향상시키세요.

　이 책에 수록된 IQ 훈련 문제를 하루에 3번씩, 1회에 정해진 각 단계의 제한 시간에 맞춰 풀어보기를 바랍니다. 날마다 같은 장소, 같은 시간에 훈련 문제를 풀도록 노력해서 습관으로 굳히세요.

　'티끌 모아 태산'이라는 말이 있듯이 날마다 우뇌 훈련 문제 풀기를 습관으로 삼다 보면 우뇌가 점점 활성화되어 '우뇌 IQ'가 향상되고 인생을 성공으로 이끌어갈 것입니다.

가족이 함께 '우뇌 훈련'을 즐겨 보세요!

　이 책의 우뇌 IQ 훈련 문제는 아이들이 즐기면서 우뇌를 활성화하는 걸 전제로 다양하고 독특한 문제가 난이도 별로 수록되어 있습니다.

　아이들은 물론 어른도 충분히 즐길 수 있는 수준의 문제만 수록했으므로 아이와 함께 '우뇌 IQ 훈련'으로 득점 경쟁을 해 보는 건 어떨까요. 아이는 물론 어른들의 '우뇌 IQ'도 어느새 깜짝 놀랄 만큼 높아질 것입니다.

이 책의 사용법

이 책에는 우뇌를 단련하는 문제가 초급편 40문제(1단계에서 4단계), 중급편 30문제(1단계에서 3단계), 상급편 30문제(1단계에서 3단계)로 분류된 100문제가 수록되어 있습니다.

각각 10문제 단위로 제한 시간이 설정되어 있으므로 스톱워치나 초침이 있는 손목시계를 준비해서 반드시 제한 시간 내에, 풀기 쉬운 문제부터 10문제씩 척척 풀어보세요.

단, 쉽게 해답란을 봐서는 안 됩니다. 제한 시간이 될 때까지 최대한 우뇌를 활용해서 문제를 생각해야 우뇌를 활성화시킬 수 있습니다.

[제한 시간]
- **초급편** 10문제마다 10분, 총 40분
- **중급편** 10문제마다 12분, 총 36분
- **상급편** 10문제마다 15분, 총 45분

제한 시간이 끝나면 문제 풀기를 멈추고 해답란을 보고 정답을 맞춰 보고, 정답의 개수를 셉니다. 각 편의 첫 장을 넘기면 '우뇌 IQ 단계와 수치표'가 있으므로 현재의 실력을 확인하기 바랍니다.

좌뇌를 활성화시켜 푸는 문제와 달리 이 책은 같은 문제를 여러 번 풀어도 우뇌가 활성화됩니다. 제한 시간 내에 정답률이 80퍼센트를 넘는다면 다음 단계로 넘어가세요.

초급편 · 40문제

- 1단계 · 10문제
- 2단계 · 10문제
- 3단계 · 10문제
- 4단계 · 10문제

초급편 해답 소요 시간
각 단계마다 10분(총 40분)

		1단계	2단계	3단계	4단계	합계
1회	정답 개수					

		1단계	2단계	3단계	4단계	합계
2회	정답 개수					

		1단계	2단계	3단계	4단계	합계
3회	정답 개수					

우뇌 IQ 단계

당신의 우뇌는 최고 수준이에요. 146~160	
당신의 우뇌는 굉장히 우수해요. 131~145	
당신의 우뇌는 평균 수준이에요. 116~130	
좀 더 노력하세요. 100~115	
날마다 IQ 훈련 문제를 푸세요. 99 이하	

우뇌 IQ 수치표

정답 개수	우뇌 IQ 수치
37~40	160
33~36	152
29~32	144
25~28	136
21~24	128
17~20	120
13~16	112
9~12	104
5~8	96
1~4	88

 나머지와 다른 정육면체는 어느 것일까요?

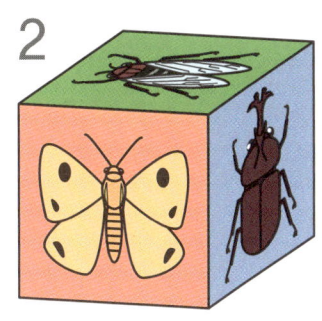

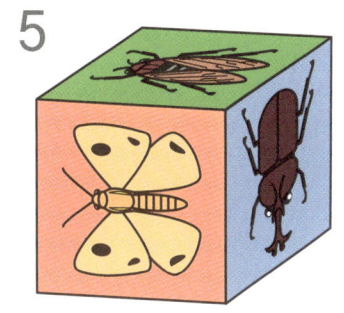

정 답

2 성냥개비 11개로 돼지 모양을 만들었어요.

① 성냥개비 2개를 옮겨서 돼지의 머리를 뒤쪽으로 향하게 해 보세요.
② 성냥개비 2개를 옮겨서 돼지를 눕혀 보세요.

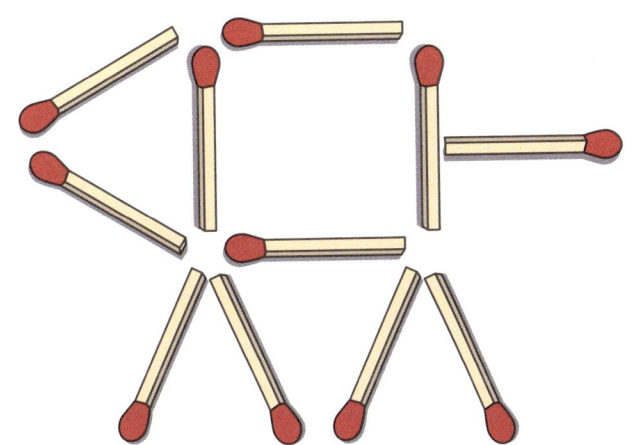

3 한 사람만 다른데 누구일까요?

정 답

4 10원짜리 동전 6개로, 한 변이 10원짜리 동전 3개인 정삼각형을 만들었습니다. 10원짜리 동전 3개를 더해서 한 변이 10원짜리 동전 5개인 정삼각형을 만들어 보세요.

5 구성이 같은 뱀 그림은 어느 것일까요?

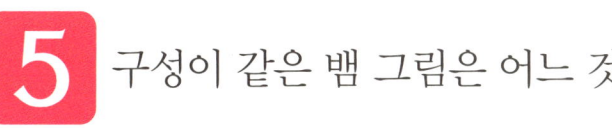

1

2

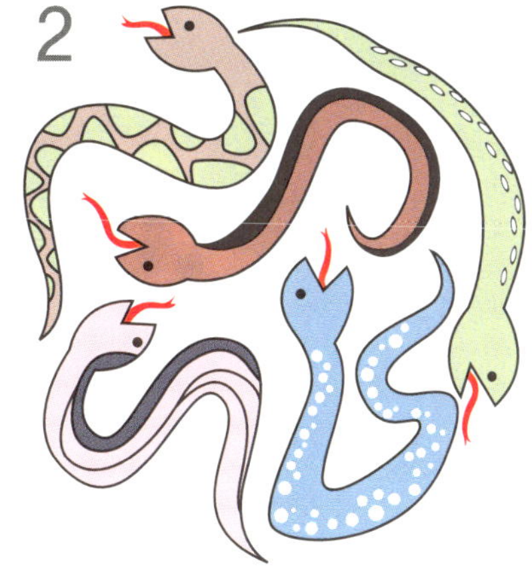

3

4

5

6

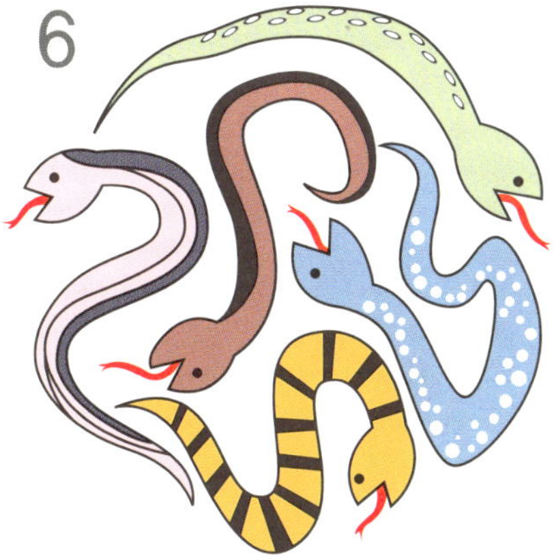

정 답

6 보기의 배를 위아래 반대로 한 그림은 어느 것일까요?

보기

1
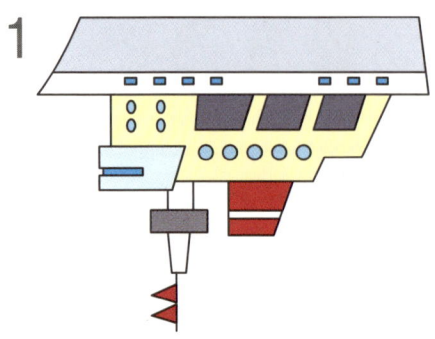

2
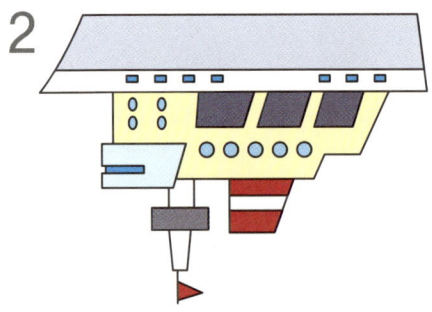

3
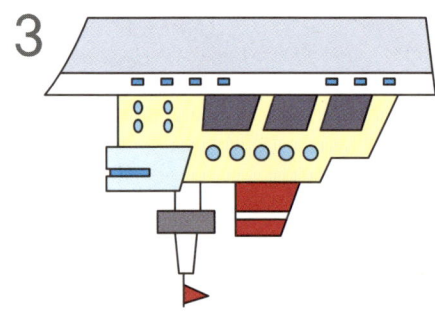

4
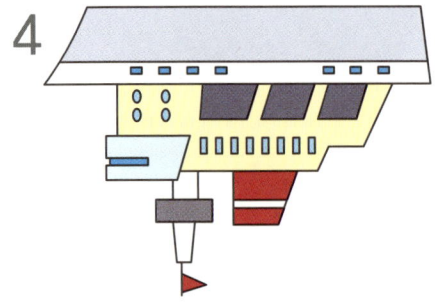

5
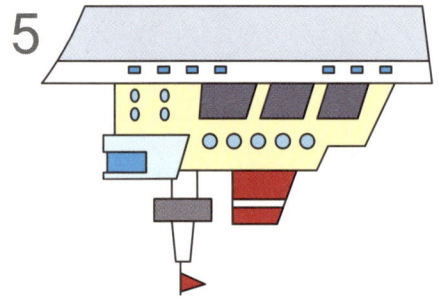

정 답

7 다음 정육면체의 올바른 전개도는 어느 것일까요?

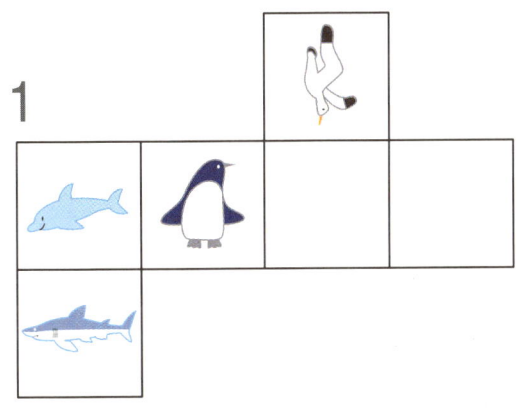

정 답

8 정삼각형 안에 원을 그리고, 그 원 안에 정삼각형을 그렸어요. 바깥쪽의 커다란 정삼각형과 안쪽의 작은 정삼각형은 면적의 비율이 어떻게 될까요?

① 2 : 1   ② 2 : 1

③ 4 : 1   ④ 6 : 1

정답

9 나머지와 다른 버섯은 어느 것일까요?

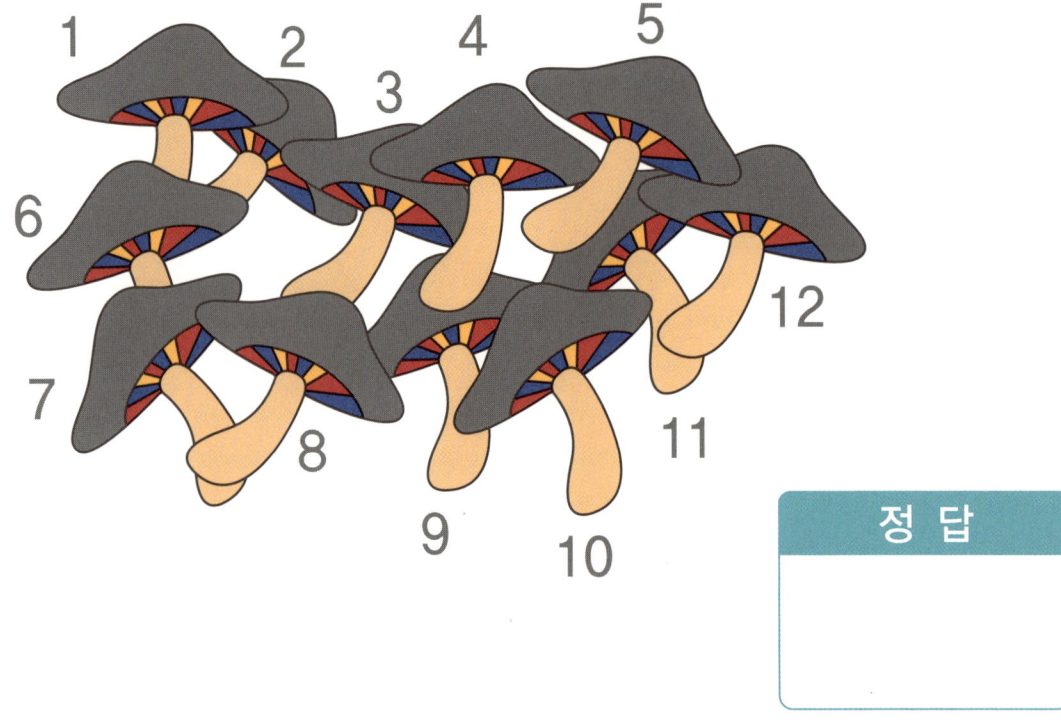

정답

10 구성이 같은 손 모양은 어느 것과 어느 것일까요?

1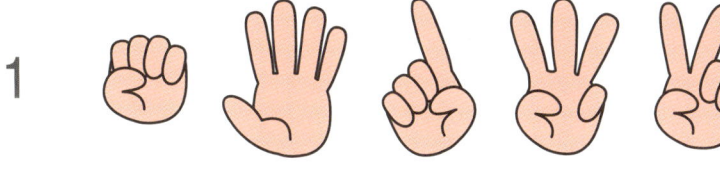

2

3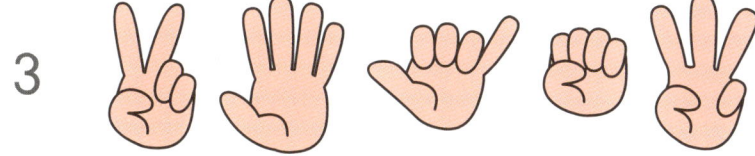

4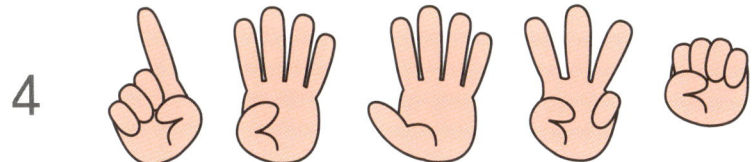

5

정 답

초급편 1단계 정답

 1

2번과 4번, 3번과 5번이 같아요. 따라서 정답은 1번이에요.

 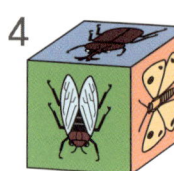
 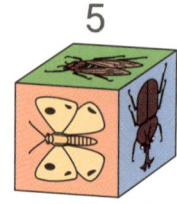

2

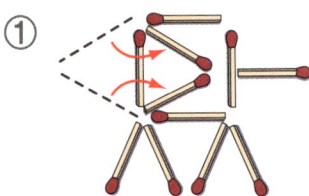

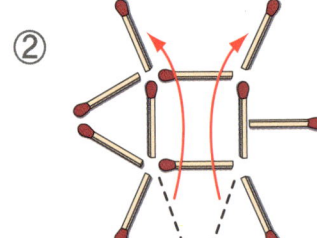

3 7

7번의 동그라미 친 부분의 색깔이 달라요.

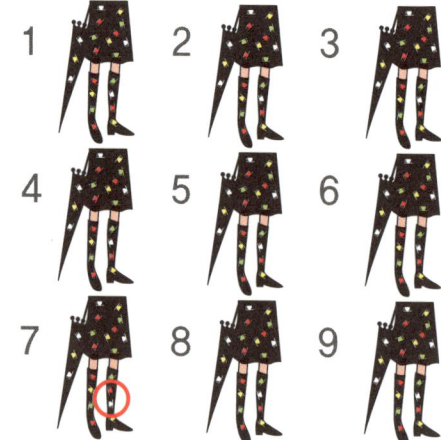

4 4

사선 부분에 각각 1개씩 10원짜리 동전을 겹치면 됩니다.

5 1과 5

1번과 5번은 같은 구성이에요.

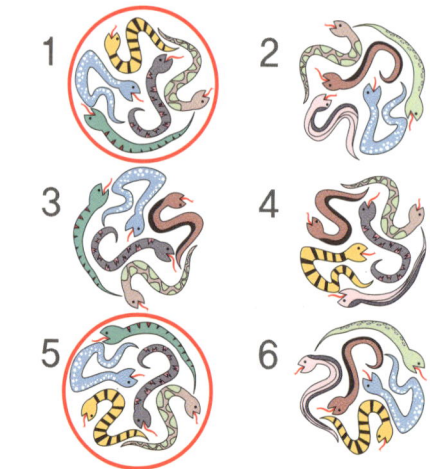

6 3

1, 2, 4, 5번은 동그라미 친 부분이 달라요.

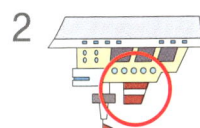
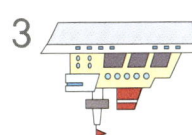
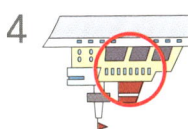
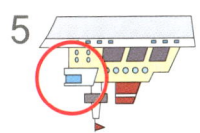

7 1

모를 때는 전개도를 복사해서 실제로 정육면체를 만들어 보세요.

8 3

그림과 같이 안쪽의 작은 정삼각형을 회전시키면 4대 1의 비율이라는 걸 알 수 있어요.

9 9

9번은 색깔의 순서가 달라요.

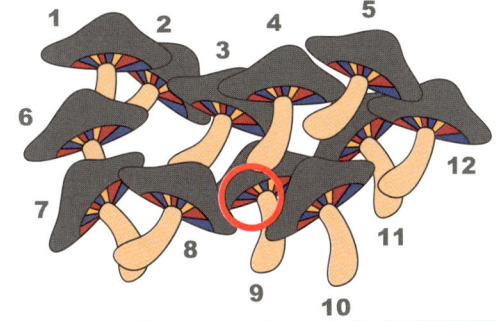

10 3과 5

초급편

1. 정사각형의 색종이가 있어요. 이 색종이를 그림처럼 접어서 가장 아랫부분을 가위로 자른 다음 펼치면 어떤 모양이 될까요?

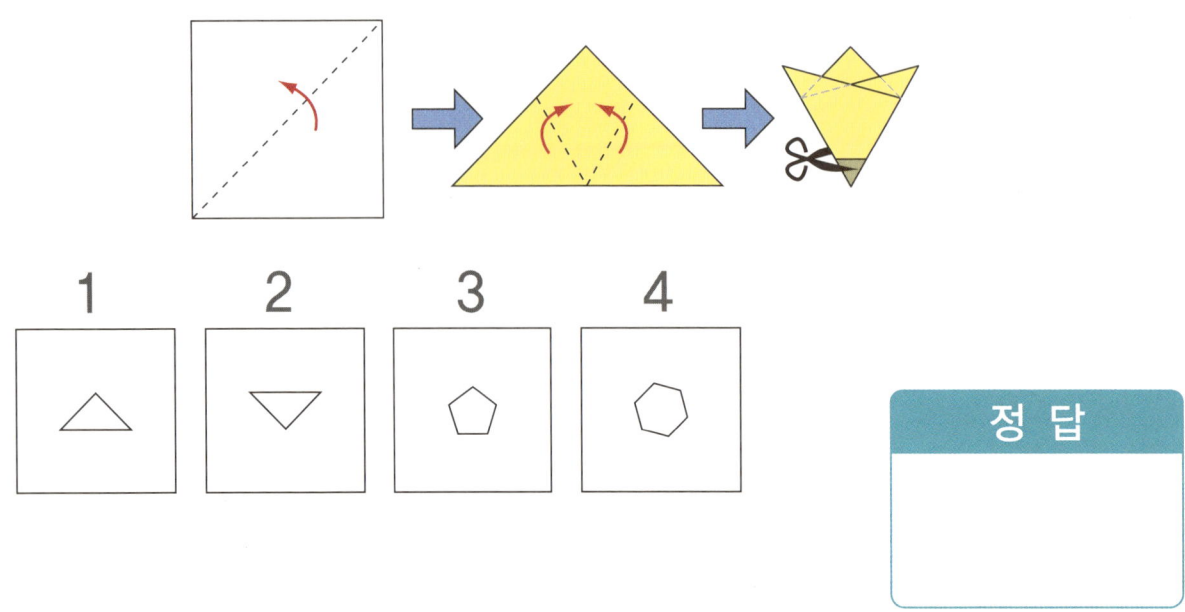

정 답

2. 나머지와 다른 고양이는 어느 것일까요?

정 답

3. 보기의 야구장갑을 만들 때 필요 없는 조각은 어느 것일까요?

보기

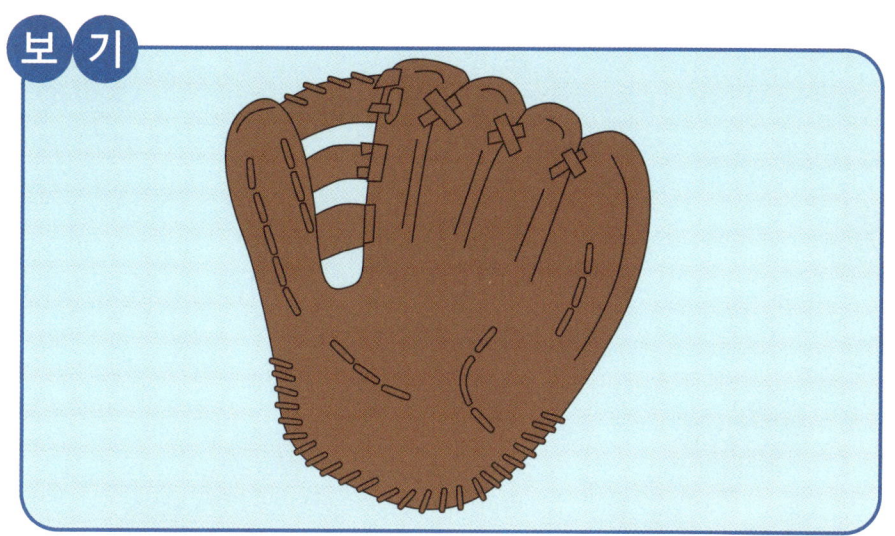

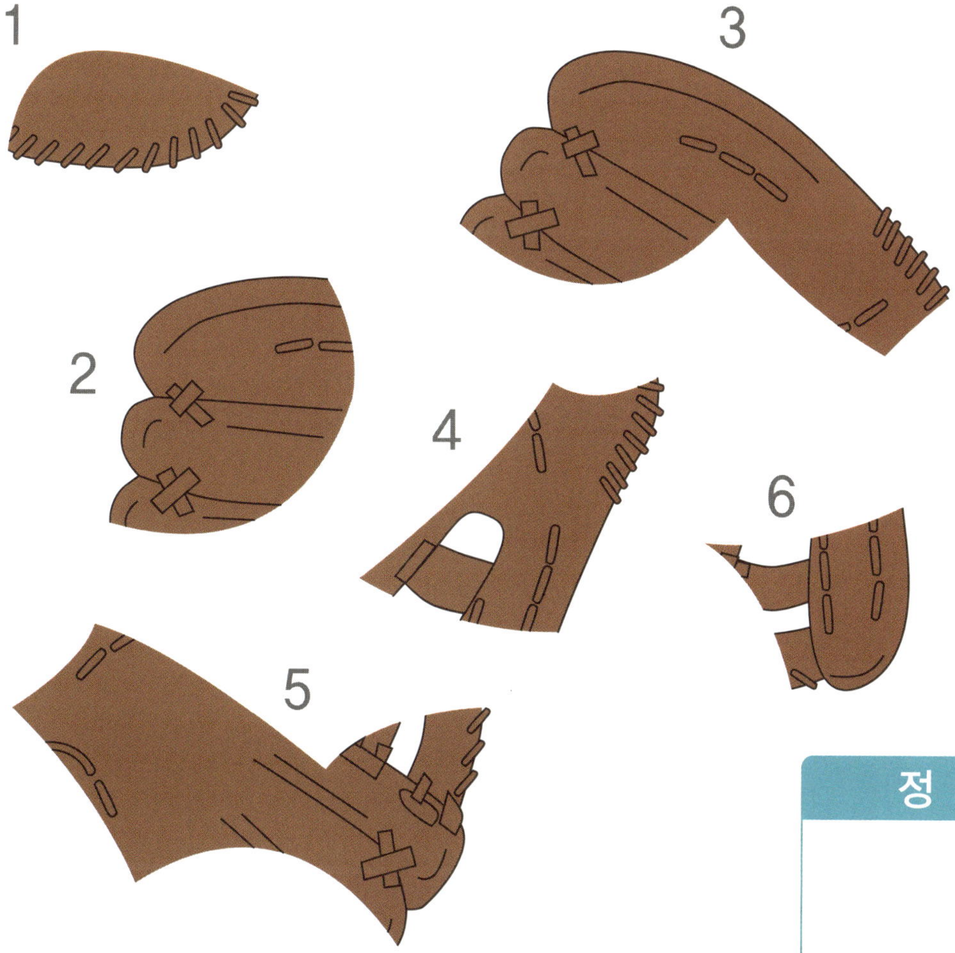

정답

4 구성이 같은 풍선을 2개 찾아 보세요.

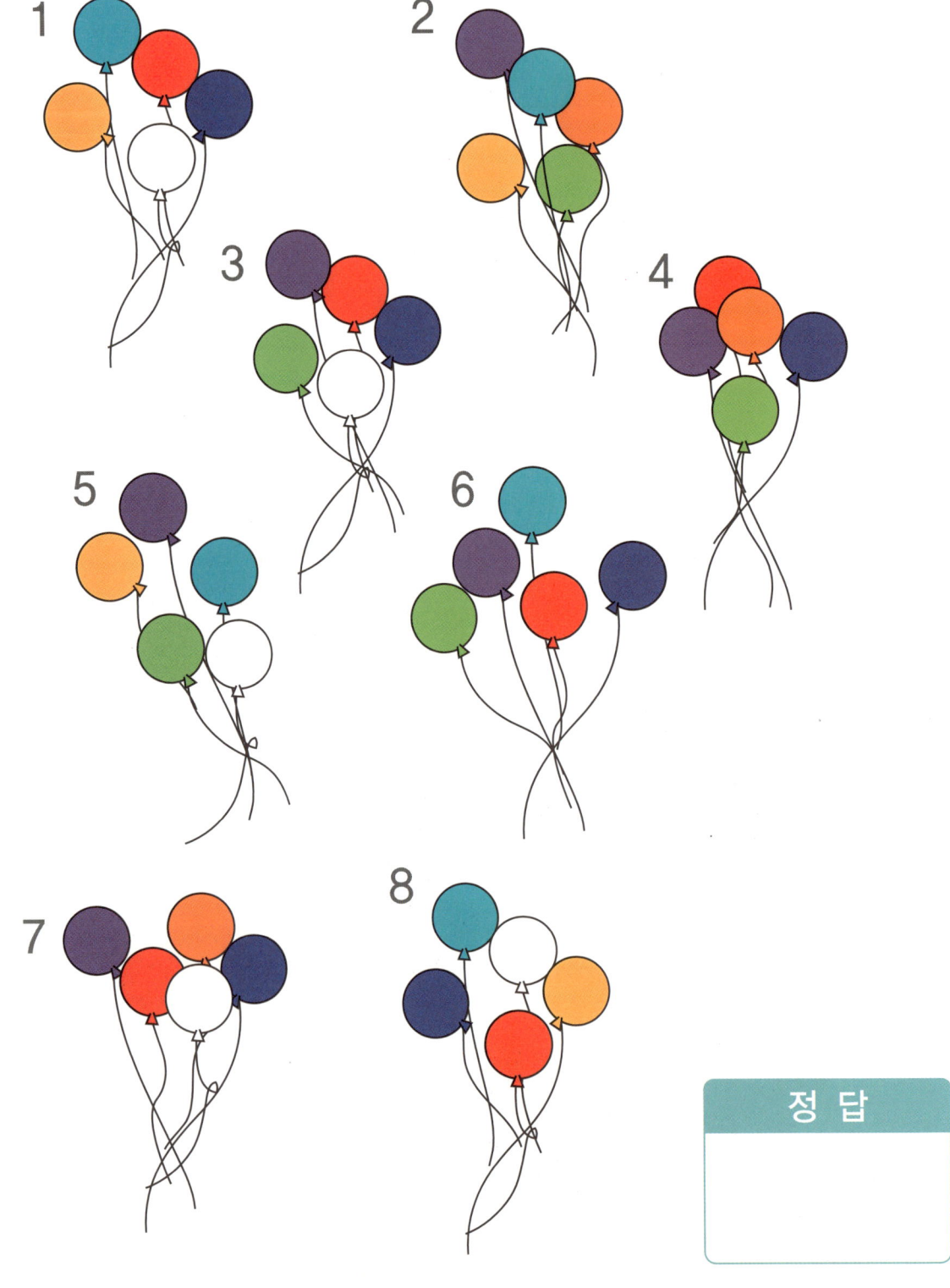

정 답

5 보기의 연필꽂이를 좌우 반대로 한 그림은 어느 것일까요?

보기

정 답

6 성냥개비 12개로 직각삼각형을 만들었어요. 성냥개비의 길이를 1이라고 하면 직각삼각형의 면적은 6이 됩니다. 그렇다면 이 직각삼각형을 면적이 3인 도형으로 만들어 보세요.
✽ 성냥개비는 4개만 움직여야 해요.

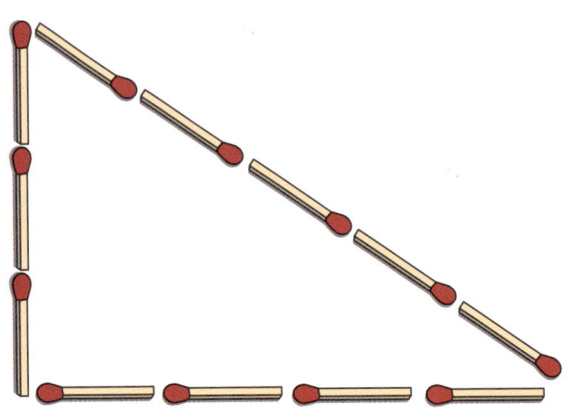

7 물음표 안에 들어갈 나무 블록은 어느 것일까요?

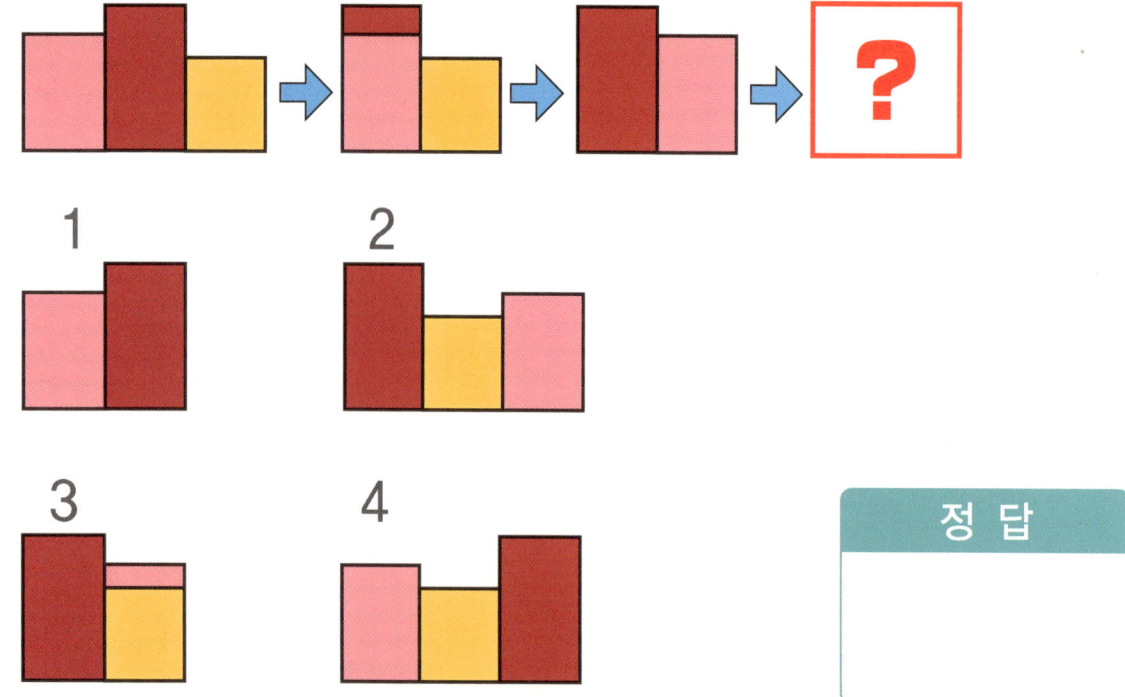

정 답

8 구성이 같은 눈의 결정체는 어느 것과 어느 것일까요?

정 답

9 다음 정육면체의 올바른 전개도는 어느 것일까요?

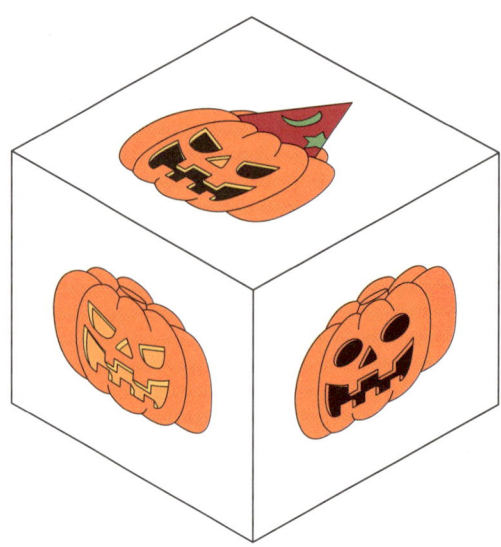

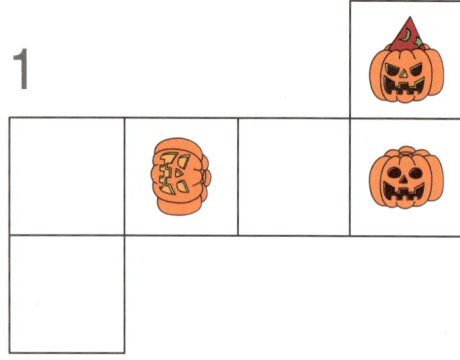

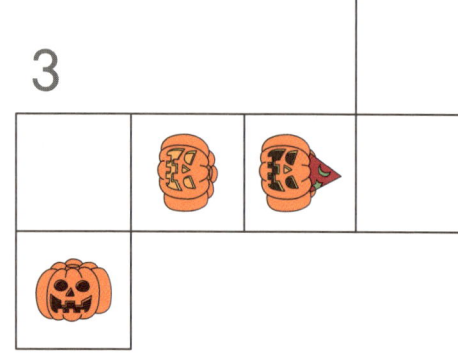

정 답

10 보기의 강아지를 좌우 반대로 한 그림은 어느 것일까요?

1

2

3

4

5

6

7

8

정 답

초급편 2단계 정답

1 4

색종이를 실제로 가위로 잘라 보세요.

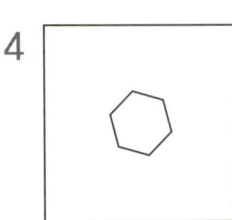

2 4

4번만 양동이에 들어가 있고 다른 고양이들은 모자 안에 들어가 있어요.

3 2

 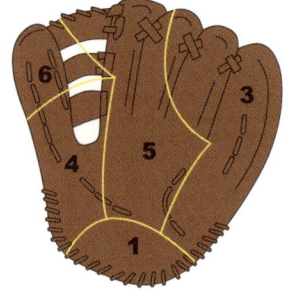

4 1과 8

5 4

1, 2, 3, 5번은 동그라미 친 부분이 달라요.

그림과 같이 성냥개비 4개를 옮기면 면적이 3인 도형이 만들어져요.

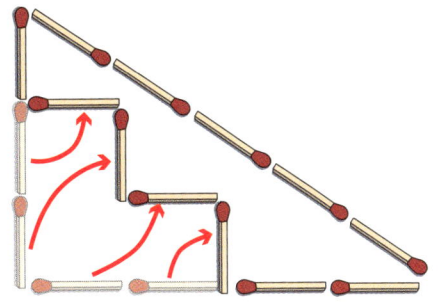

 2

가장 왼쪽의 나무 블록이 오른쪽에 있는 2개의 나무 블록 앞쪽으로 한 칸씩 이동하게 됩니다. 3번째 그림에서는 가장 낮은 노란색 나무 블록이 이동하는 나무 블록으로 숨겨지게 돼요. 따라서 4번째 자리에 들어갈 나무 블록은 2번이에요.

 2와 5

1번, 3번, 4번은 동그라미 친 부분이 달라요.

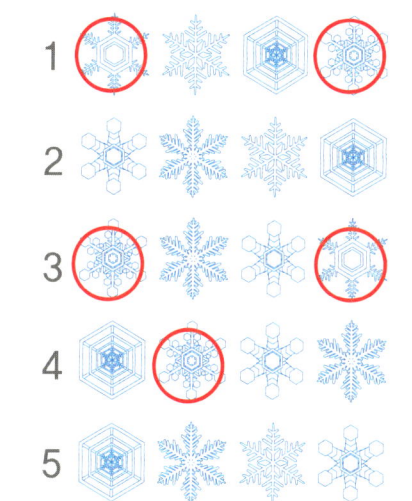

9 2

모를 때는 전개도를 복사해서 실제로 정육면체를 만들어 보세요.

10 2

1, 3, 4, 5, 6, 7, 8번은 동그라미 친 부분이 달라요.

1 이 가운데 같은 구성의 우산은 전부 몇 종류일까요?

가 2종류
나 3종류
다 3종류
라 4종류

정답

---

2 정사각형의 색종이에 접는 선을 2개 만들었어요. 이 색종이를 펼쳤을 때 접는 선이 올바른 그림은 어느 것일까요?

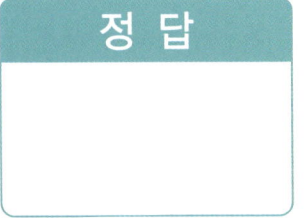
정답

3 보기의 팽이를 좌우 반대로 한 그림은 어느 것일까요?

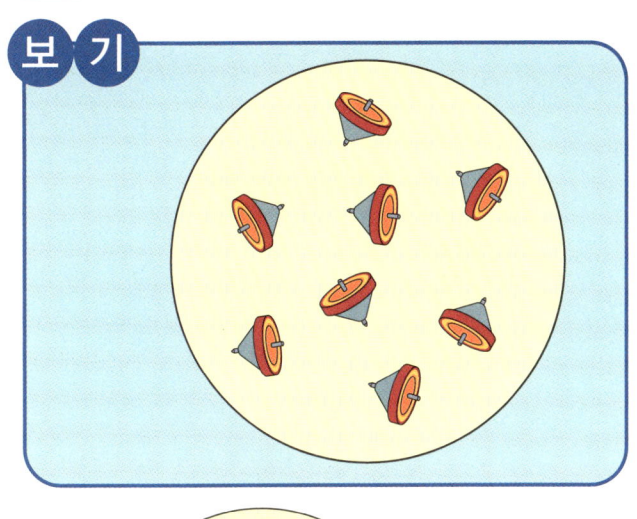

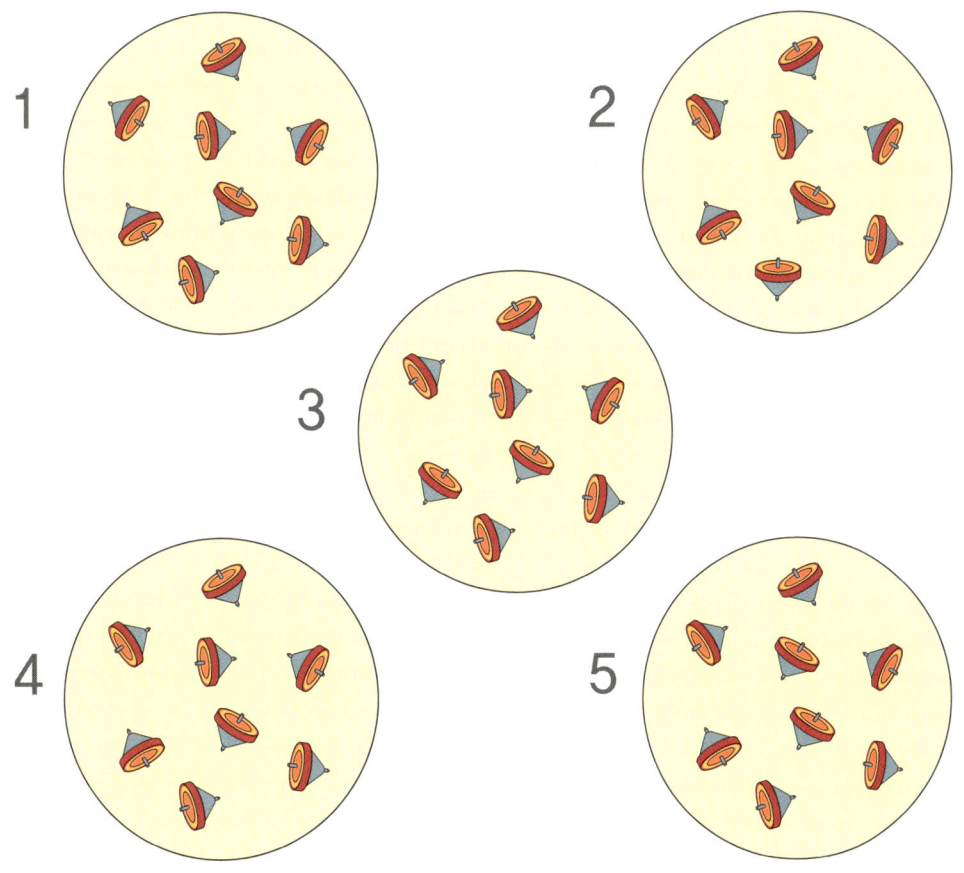

정 답

4 같은 상자를 2개 찾아 보세요.

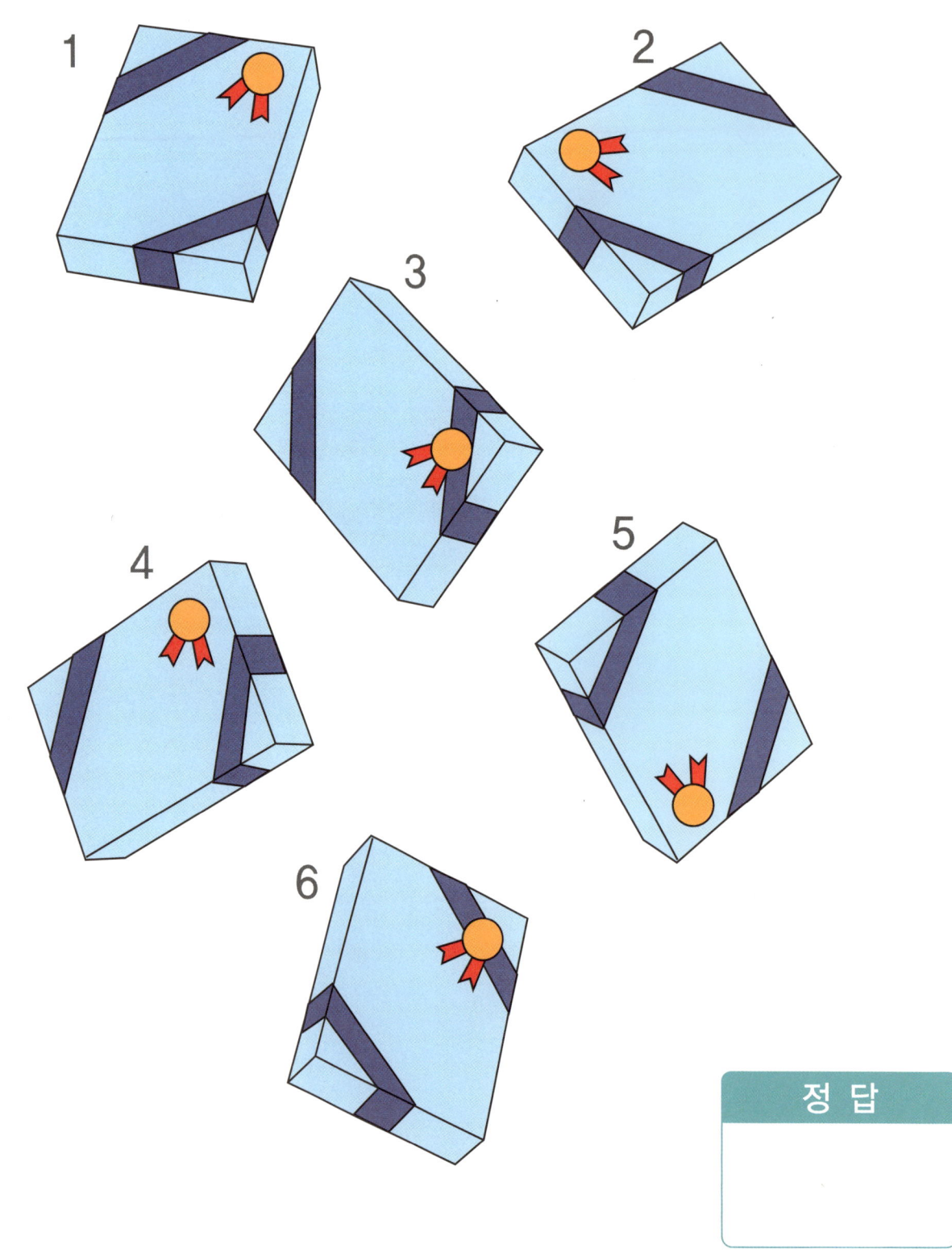

정 답

5 도형을 점선에 맞춰 같은 모양으로 이등분해 보세요. 도형을 뒤집어도 모양이 같도록 하세요.

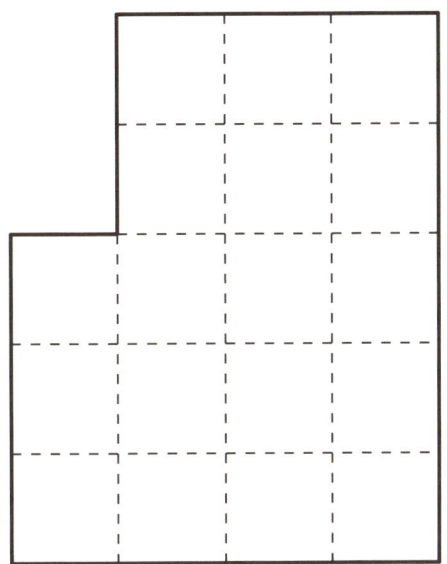

6 정사각형의 색종이를 그림과 같이 접고 일부분을 가위로 잘라 냅니다. 이 색종이를 펼치면 어떤 형태가 나올까요?

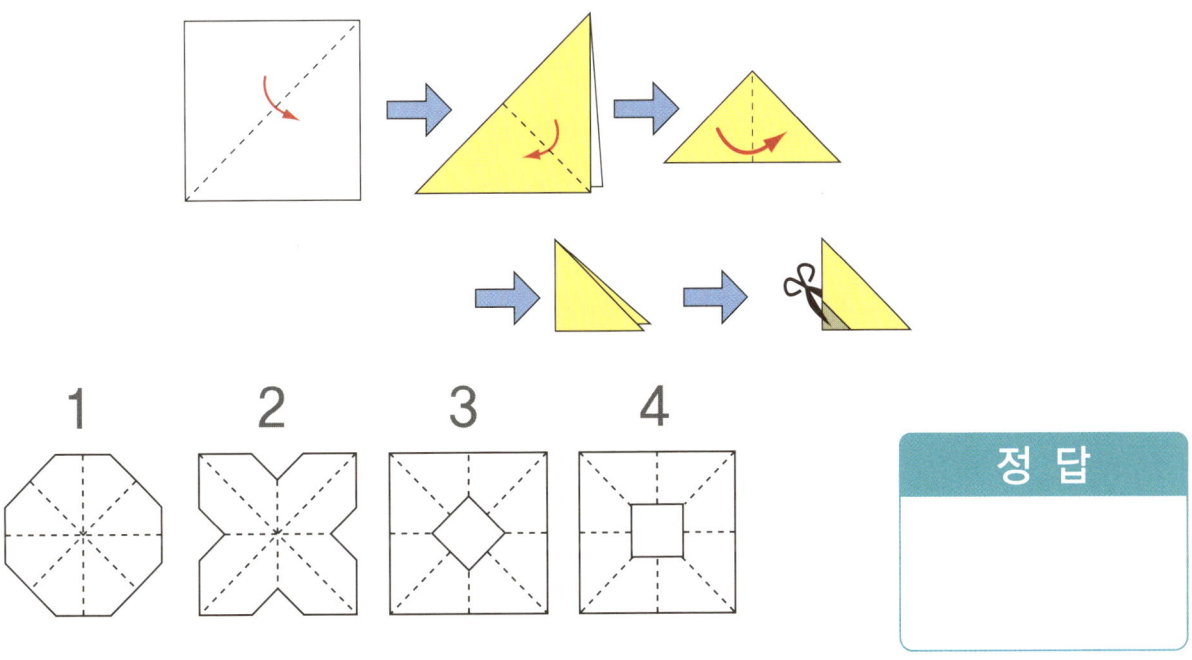

정답

7 보기의 자동차 퍼즐을 만들 때 필요 없는 조각은 어느 것일까요?

보기

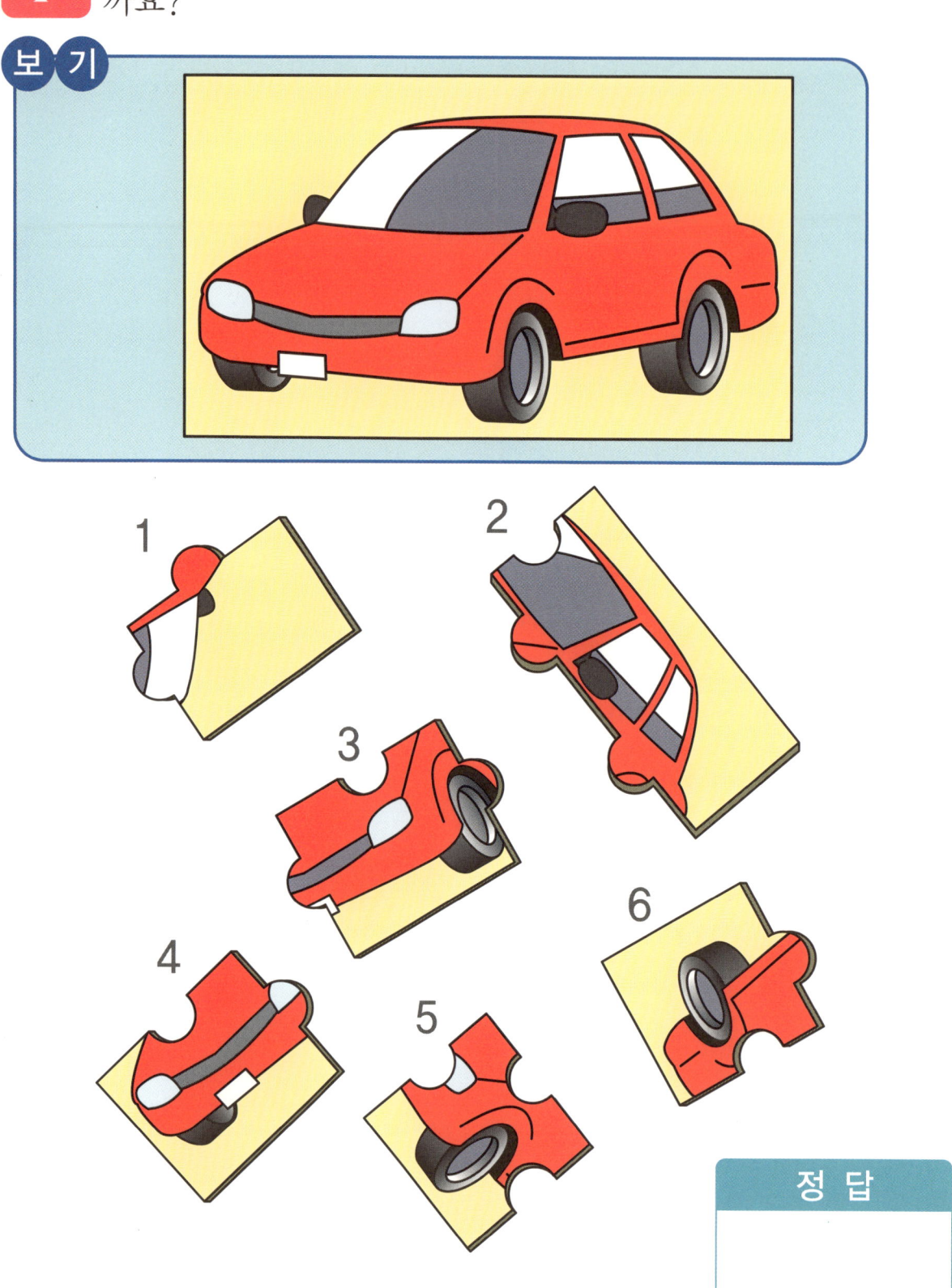

정 답

8 보기의 토스터를 위아래 반대로 한 그림은 어느 것일까요?

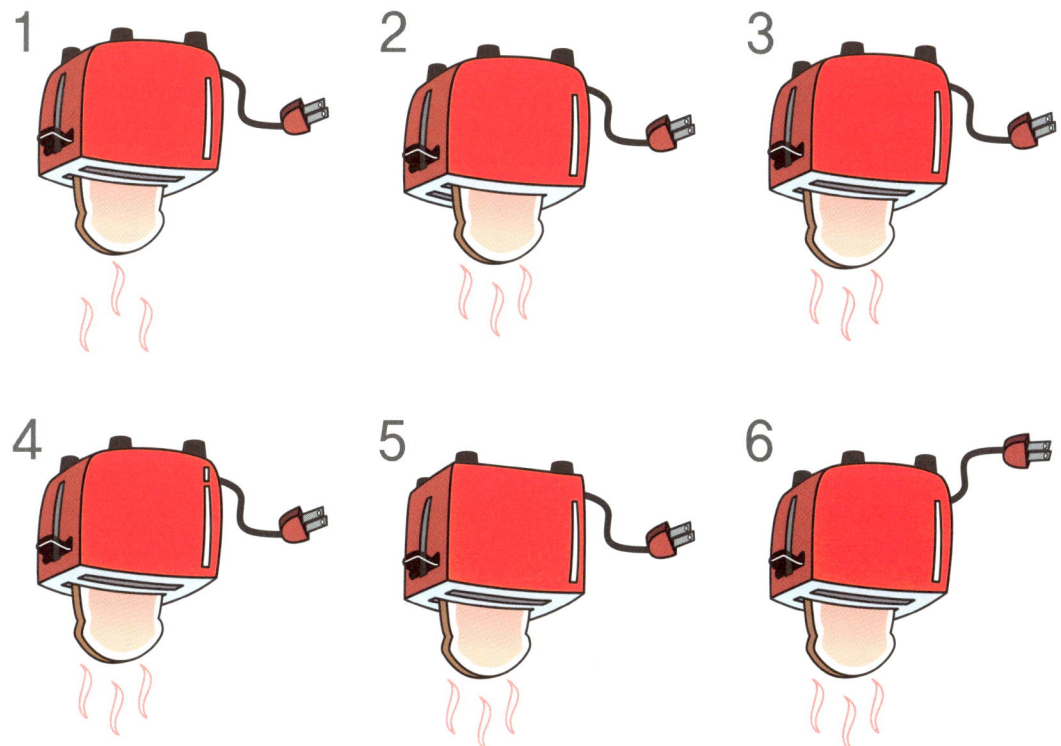

정 답

9 구성이 같은 그림은 어느 것과 어느 것일까요?

정 답

10 보기의 경찰차를 위아래, 좌우 반대로 한 그림은 어느 것일까요?

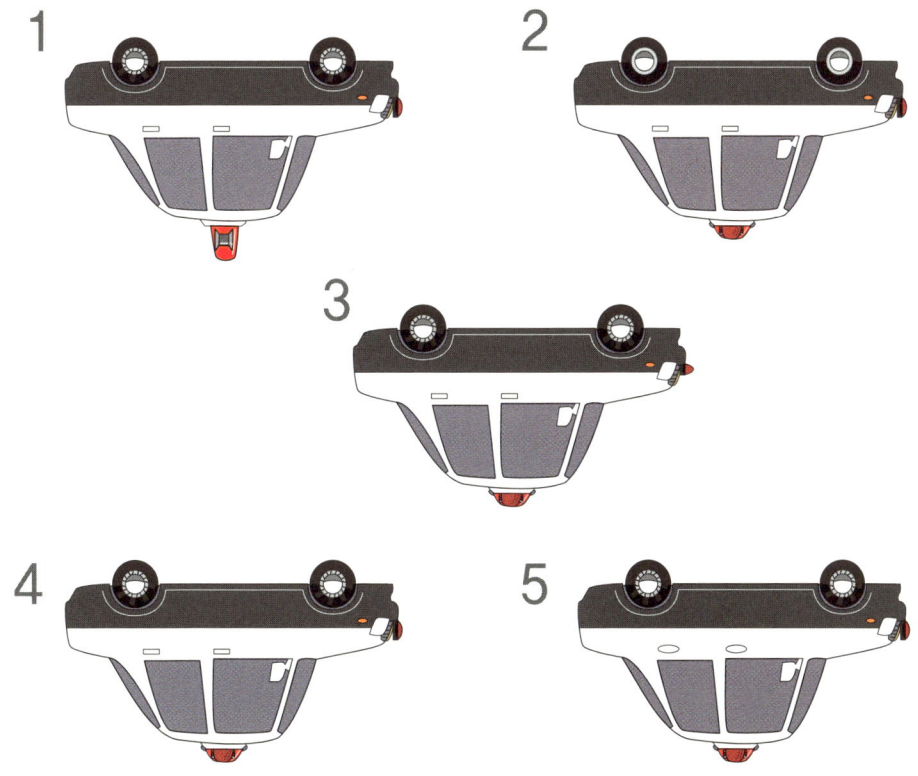

정 답

초급편 3단계 정답

1 나

동그라미 친 우산이 같아요.

2 2

실제로 색종이를 접어 보면 금세 알 수 있어요.

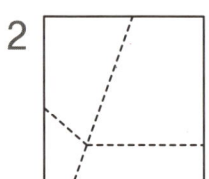

3 4

1, 2, 3, 5번은 동그라미 친 부분이 달라요.

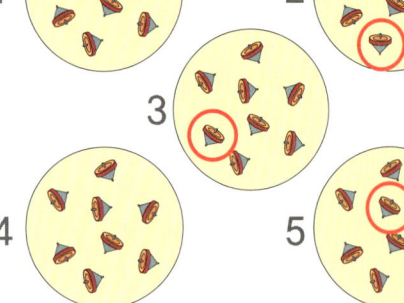

4 1과 5

2, 3, 4, 6번은 동그라미 친 부분이 달라요.

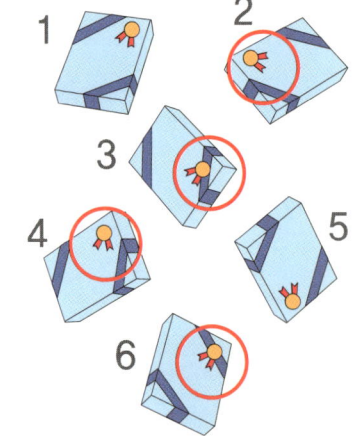

5

그림처럼 자르면 같은 모양의 도형으로 이등분할 수 있어요.

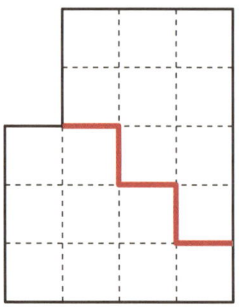

 2

색종이를 실제로 가위로 잘라 보세요.

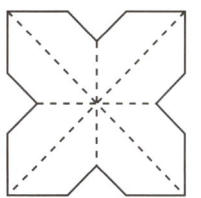

 3

 3

1, 2, 4, 5, 6번은 동그라미 친 부분이 달라요.

보기

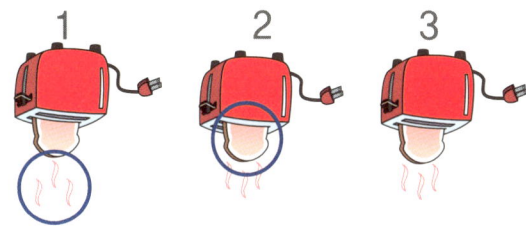

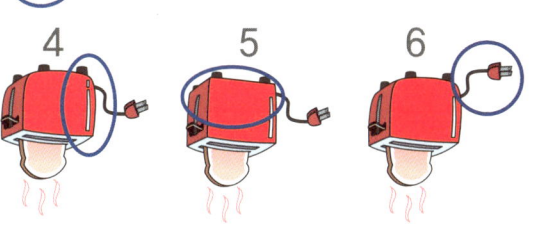

 4와 7

 4

1, 2, 3, 5번은 동그라미 친 부분이 달라요.

보기

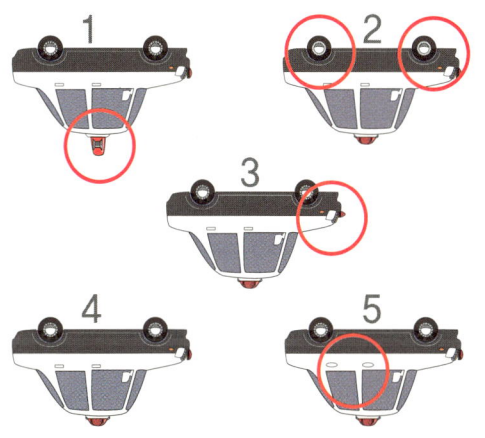

초급편
1
2
3
4

1 보기를 위아래, 좌우 반대로 한 그림은 어느 것일까요?

보기

1    2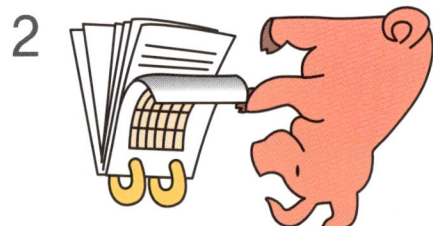

3    4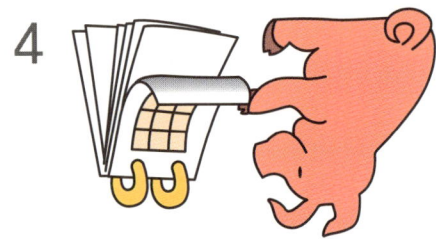

5    6

정 답

2 보기의 바이올린을 만들 때 필요 없는 조각은 어느 것일까요?

보 기

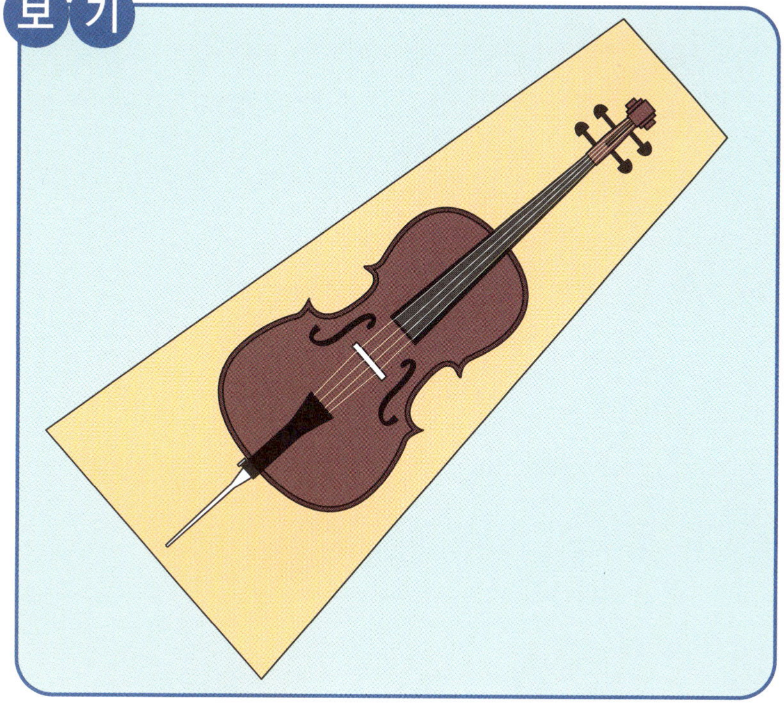

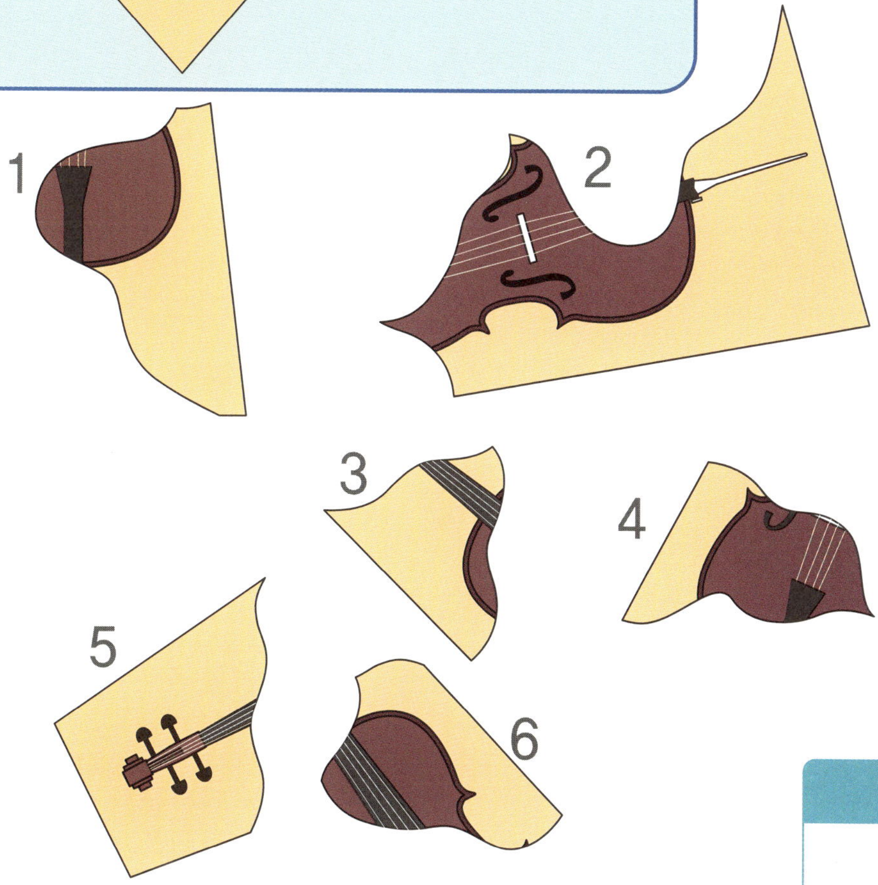

정 답

3 다음 정육면체의 올바른 전개도는 어느 것일까요?

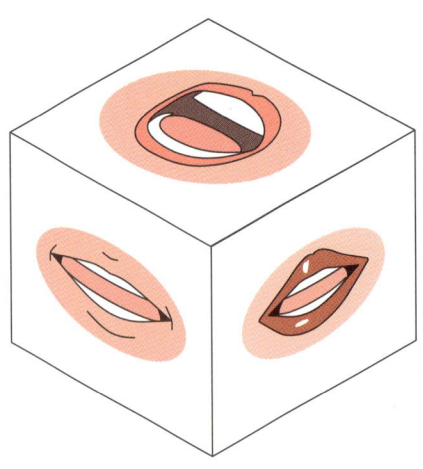

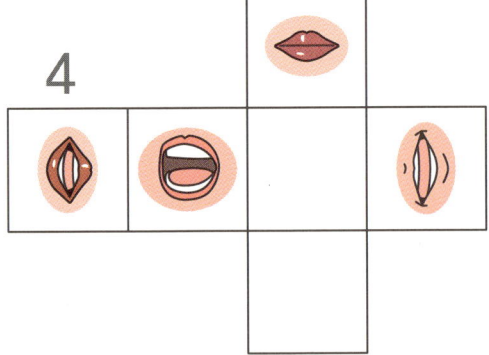

정 답

4 보기의 앵무새를 좌우 반대로 한 그림은 어느 것일까요?

보 기

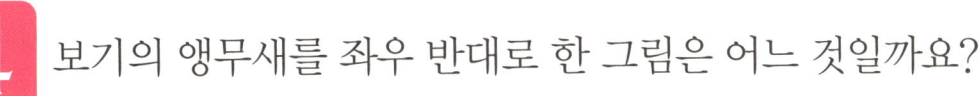

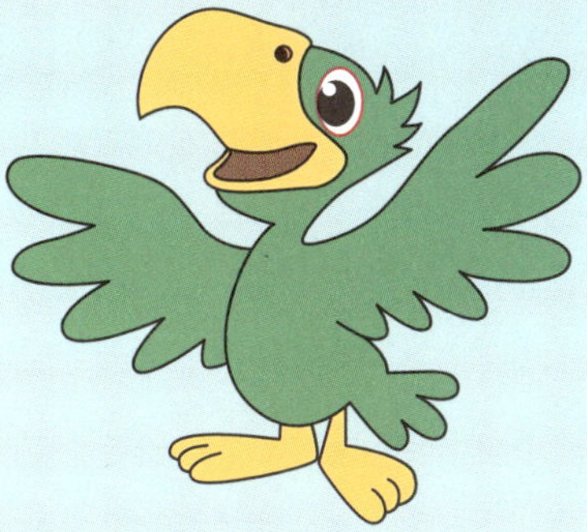

1

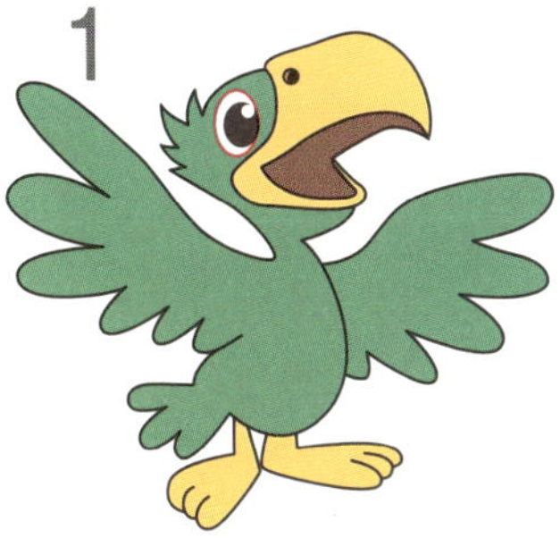

2

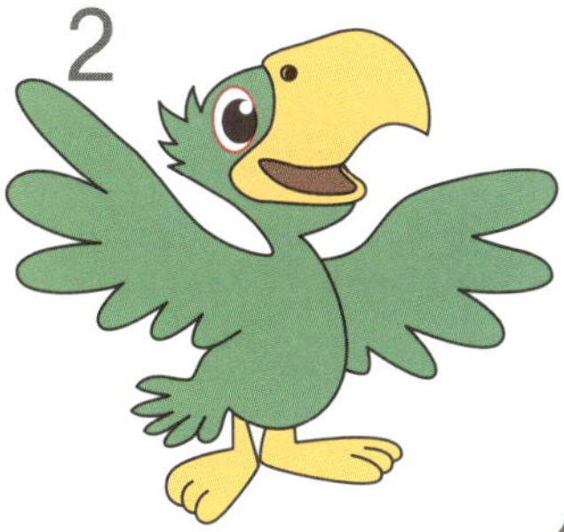

3

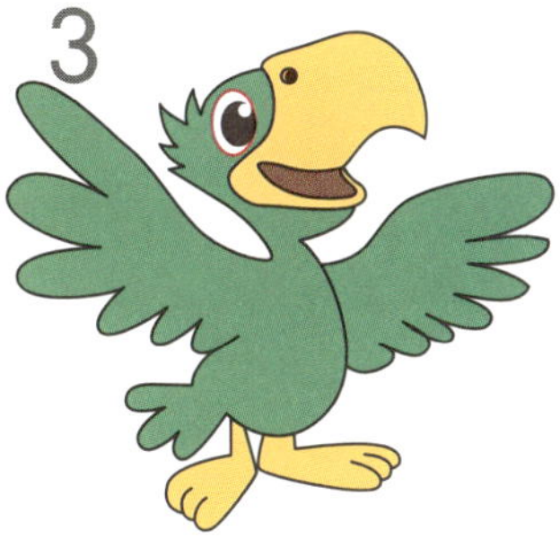

4

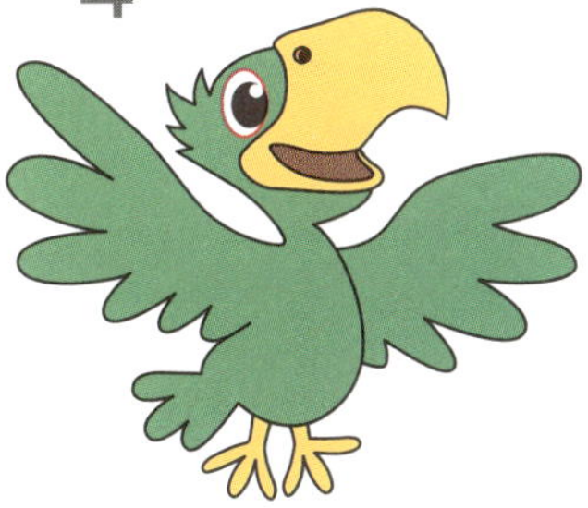

5

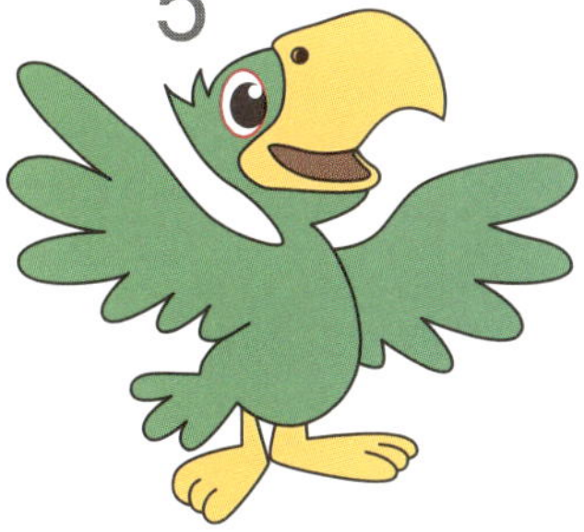

6

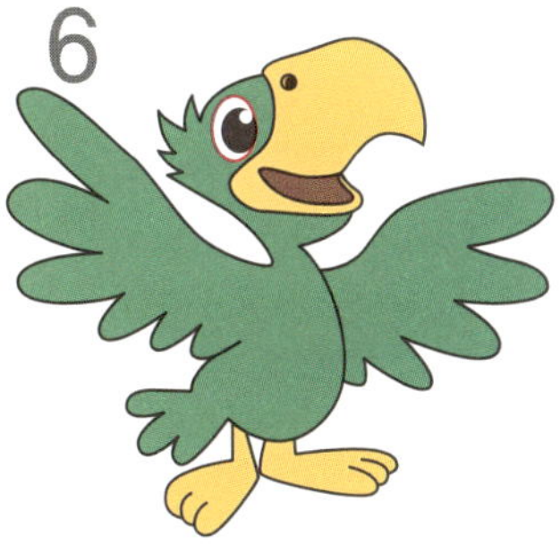

7

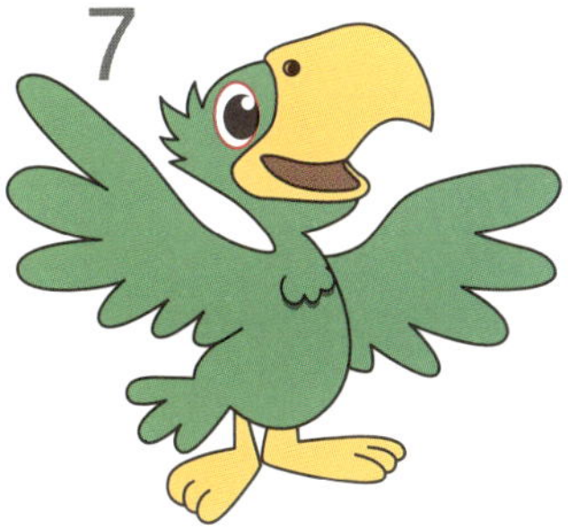

8

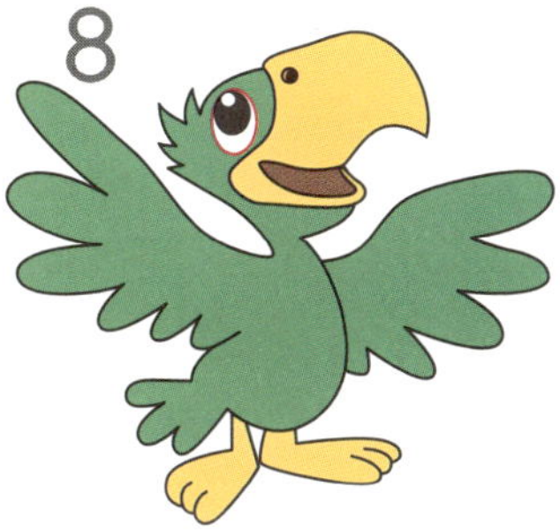

정 답

5 그림과 같이 한 변이 40미터인 정사각형의 땅을 4형제가 같은 면적으로 나누려고 해요. 모든 땅이 다른 세 사람의 땅과 접할 수 있도록 나누려면 어떻게 해야 할까요? 단 점선에 맞춰서 나누어야 해요.

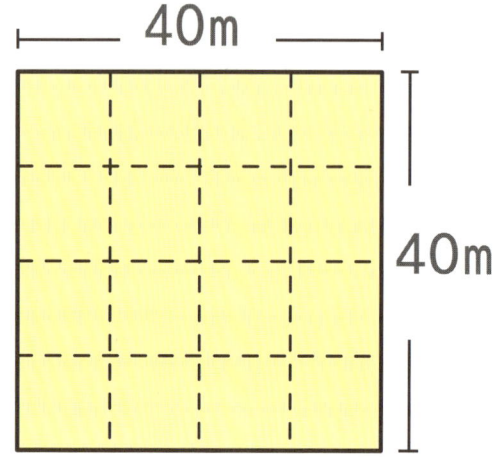

6 다음 정사각형의 올바른 면적은 얼마일까요?

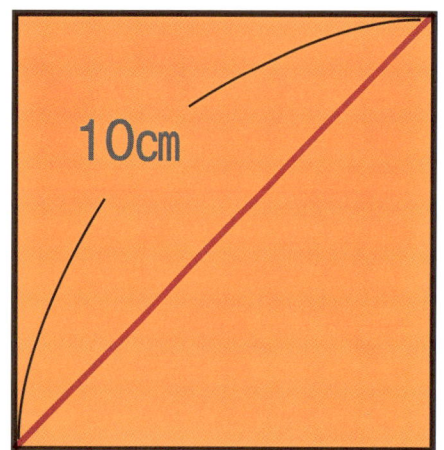

정 답

7 같은 물개 그림은 어느 것과 어느 것일까요?

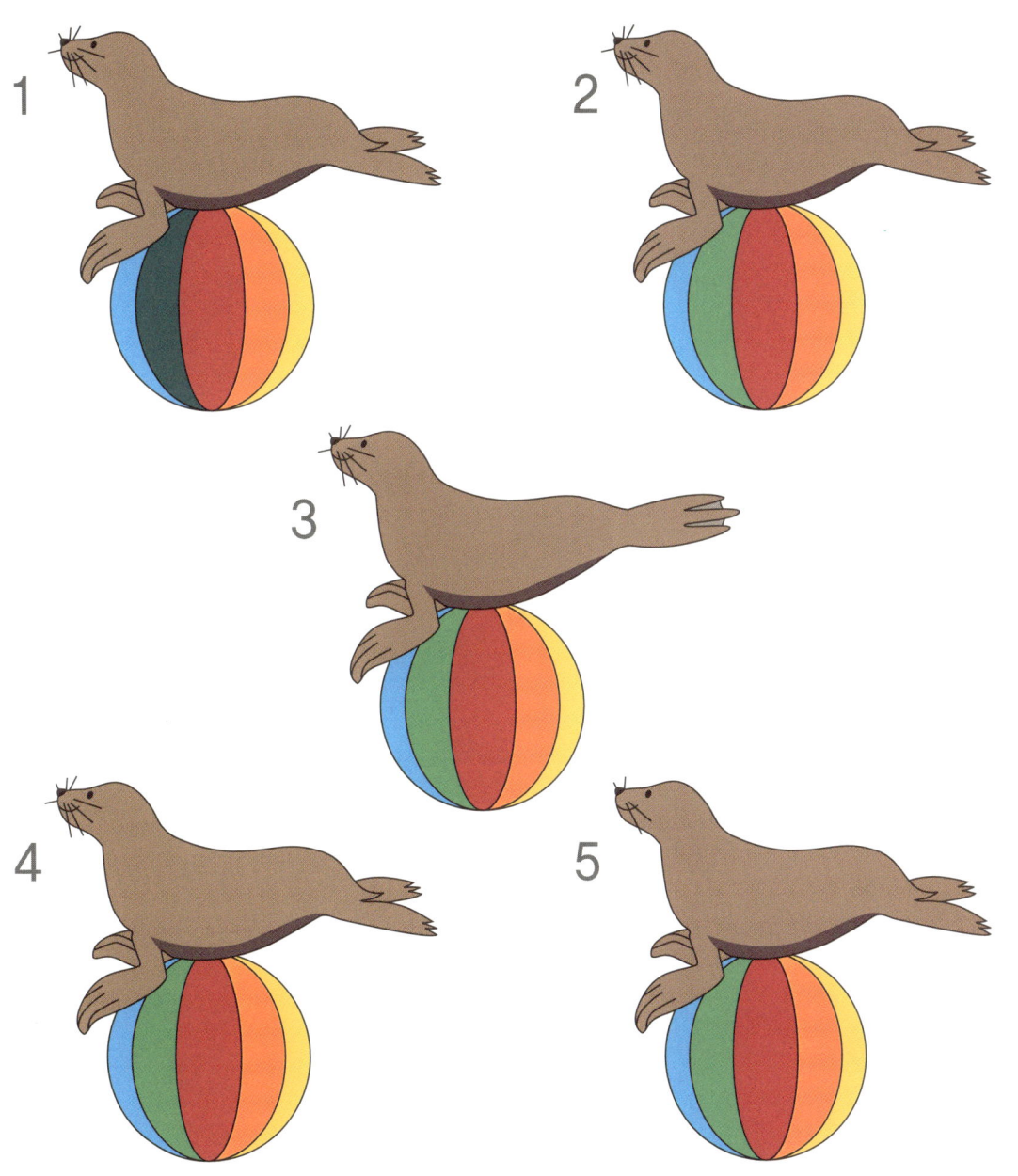

정 답

8 구성이 같은 여자 아이 그림은 어느 것과 어느 것일까요?

1

2

3

4

5

6

정 답

9 보기의 트렁크와 내용물이 같은 그림은 어느 것과 어느 것일까요?

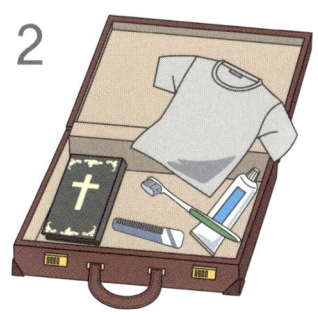

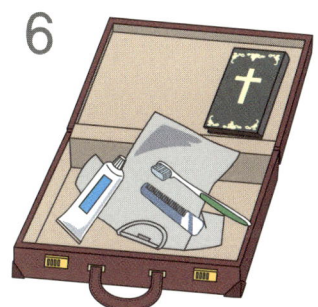

정 답

10 보기의 퍼즐을 맞출 때 필요 없는 조각은 어느 것일까요?

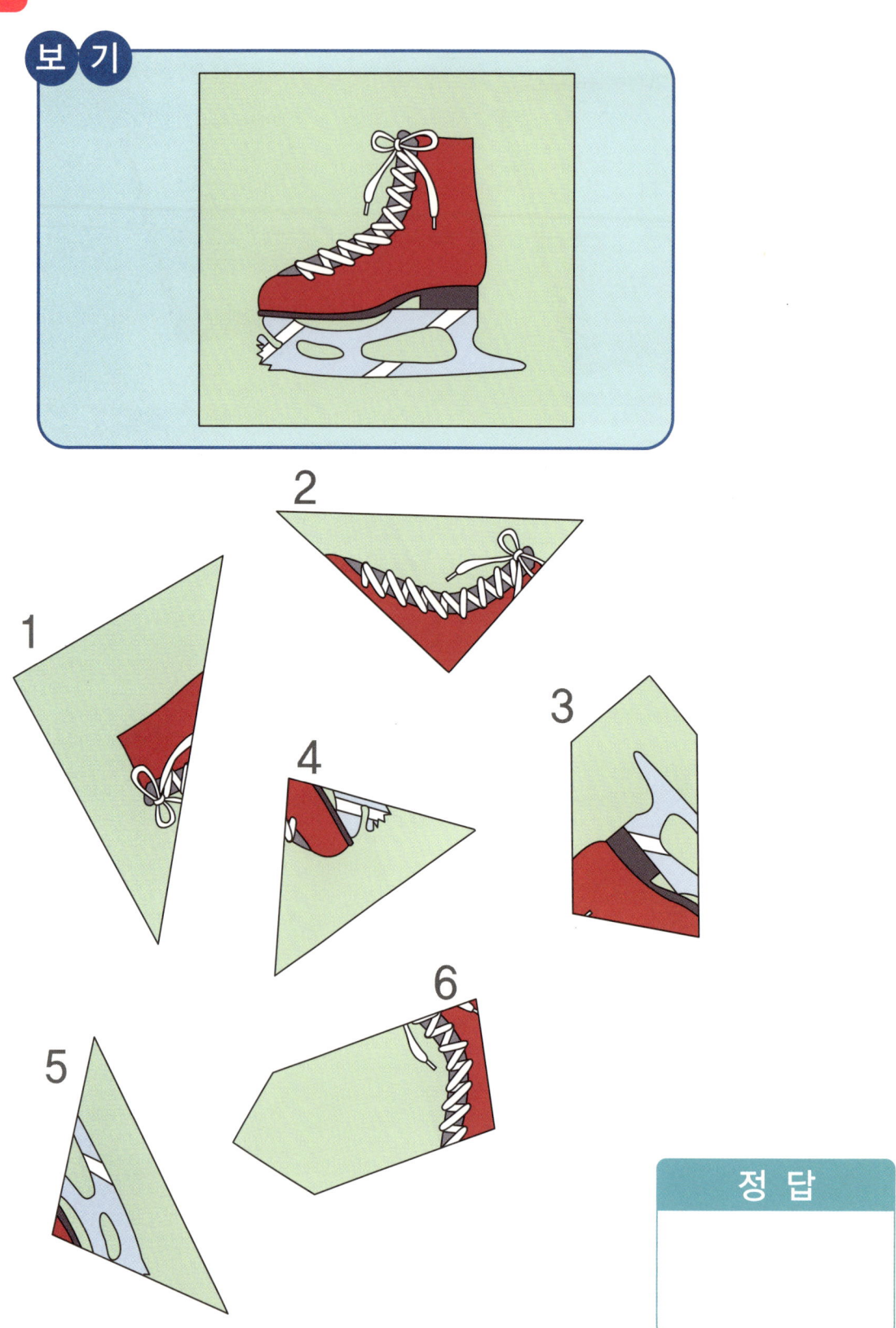

초급편 4단계 정답

1 3

1, 2, 4, 5, 6번은 동그라미 친 부분이 달라요.

보기

 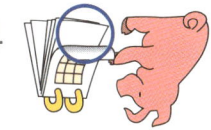

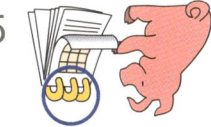 

2 4

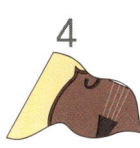 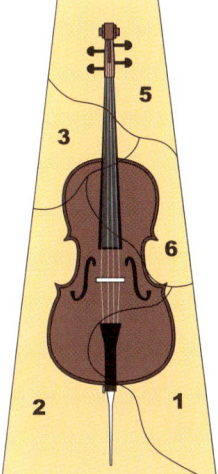

3 3

모를 때는 전개도를 복사해서 실제로 정육면체를 만들어 보세요.

4 6

1, 2, 3, 4, 5, 7, 8번은 동그라미 친 부분이 달라요.

5

그림과 같이 나누면 됩니다.

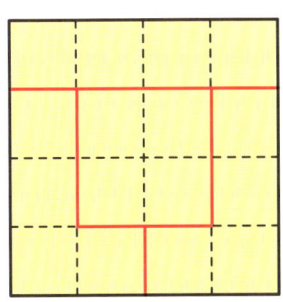

6 50cm²

10×10÷2=50
단위 : 센티미터

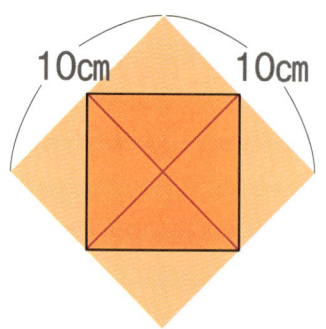

7 2와 4

1, 3, 5번은 동그라미 친 부분이 달라요.

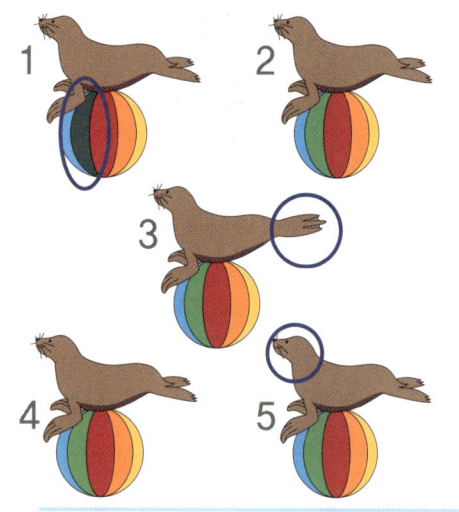

8 1과 5

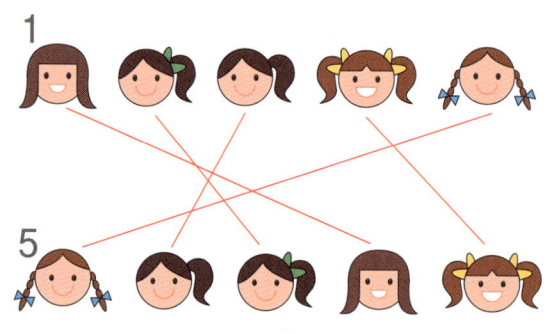

9 2와 6

1, 4, 5번은 헤어크림이, 3번에는 수건이 들어 있어요.

보기

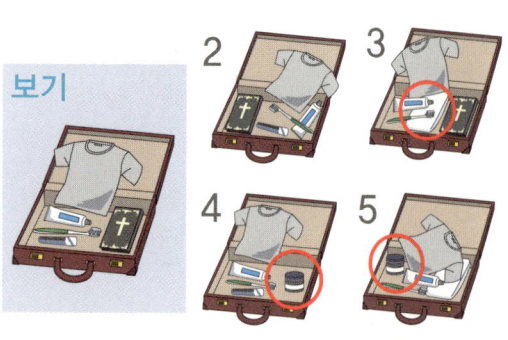

10 2

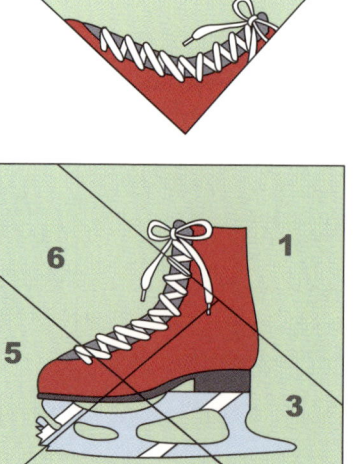

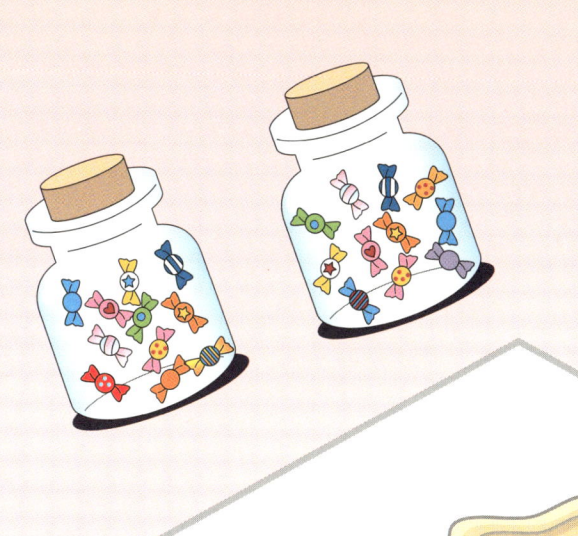

중급편 · 30문제

- 1단계 · 10문제
- 2단계 · 10문제
- 3단계 · 10문제

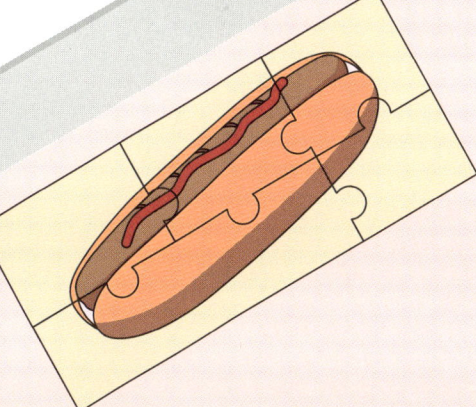

중급편 해답 소요 시간
각 단계마다 12분(총 36분)

1회 정답 개수	1단계	2단계	3단계	합계

2회 정답 개수	1단계	2단계	3단계	합계

3회 정답 개수	1단계	2단계	3단계	합계

우뇌 IQ 단계

- 당신의 우뇌는 최고 수준이에요. 146~160
- 당신의 우뇌는 굉장히 우수해요. 131~145
- 당신의 우뇌는 평균 수준이에요. 116~130
- 좀 더 노력하세요. 100~115
- 날마다 IQ 훈련 문제를 푸세요. 99 이하

우뇌 IQ 수치표

정답 개수	우뇌 IQ 수치
28~30	160
25~27	152
22~24	144
19~21	136
16~18	128
13~15	120
10~12	112
7~9	104
4~6	96
1~3	88

1 정육각형에 직선 하나를 그었을 때 선은 두 개의 변과 교차합니다. 그렇다면 어떤 육각형에 직선 하나를 그었을 때 최대 몇 개의 변과 교차할까요?

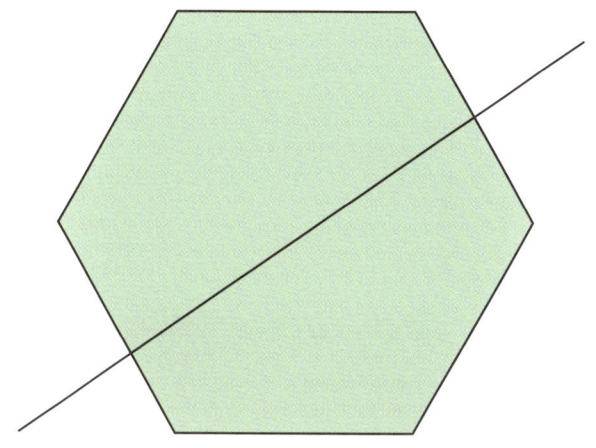

가 3개
나 4개
다 5개
라 6개

정 답

2 1번 유리병에는 있고, 2번 유리병에는 없는 사탕은 몇 종류일까요?

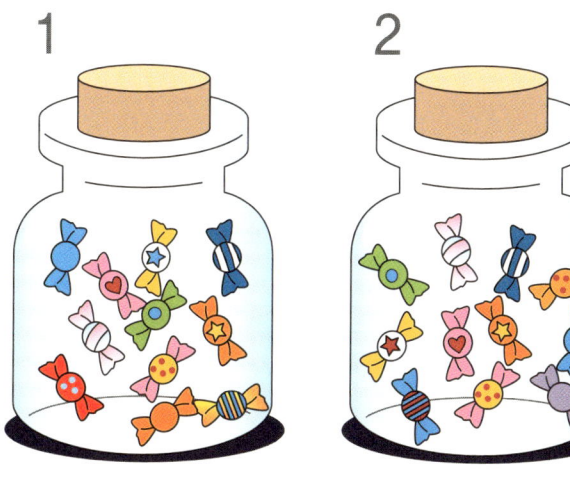

가 1종류
나 2종류
다 3종류
라 4종류
마 5종류

정 답

3

앞과 뒤에 화살표 표시가 붙은 카드를 1번처럼 들고 뒤집으면 2번처럼 됩니다. 그렇다면 3번처럼 카드를 들고 뒤집으면 4번 카드의 화살표 표시는 어떻게 될까요?

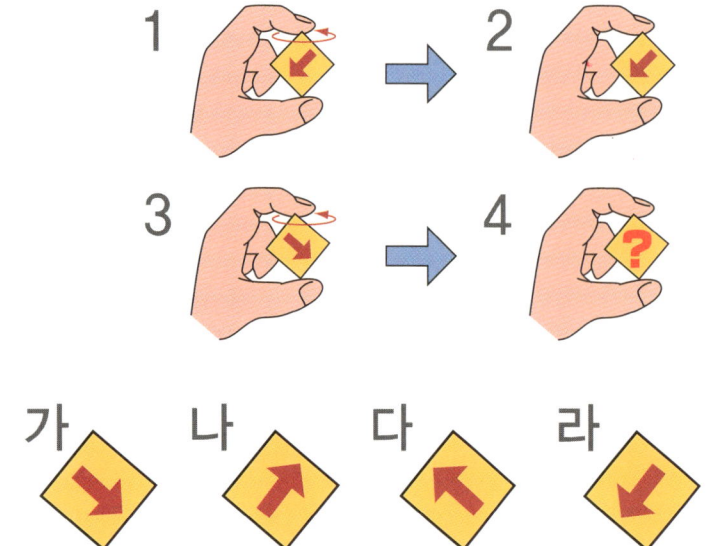

정답

4

구성이 같은 학용품은 어느 것일까요?

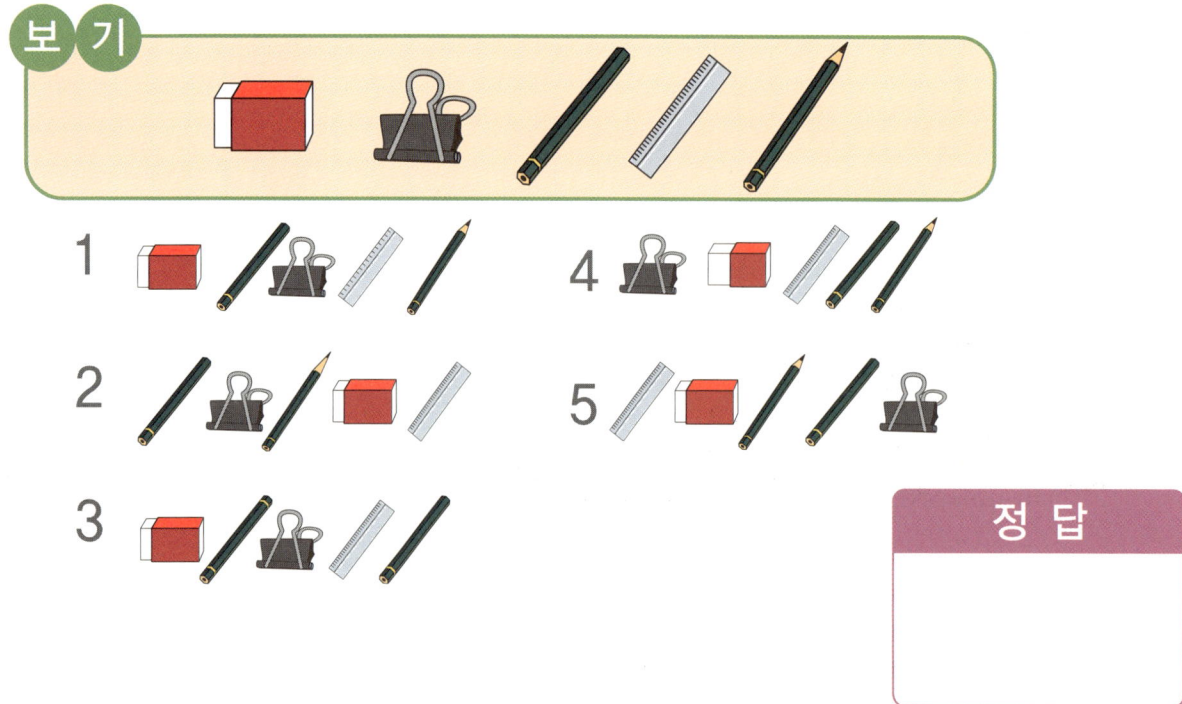

정답

5 보기의 통닭 퍼즐을 만들 때 필요 없는 조각은 어느 것일까요?

보 기

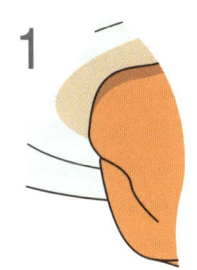
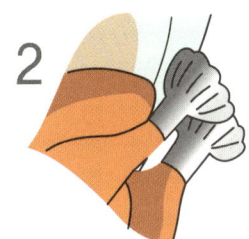

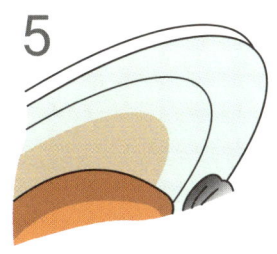
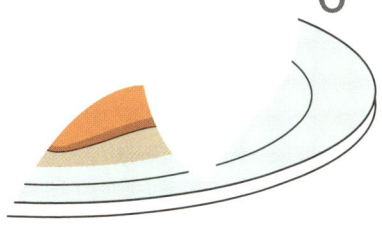

정 답

6 보기의 표지판과 같은 구성의 그림은 어느 것일까요?

보기

1

2

3

4

5

6

정 답

7 보기의 모자를 위아래, 좌우 반대로 한 그림은 어느 것일까요?

보 기

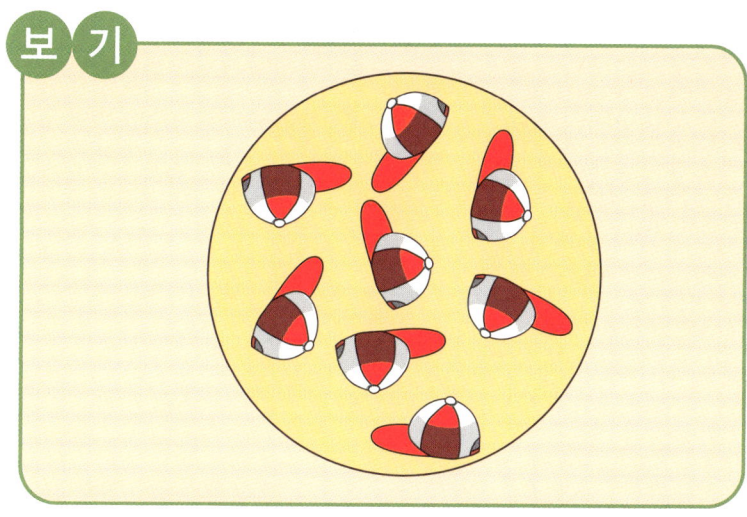

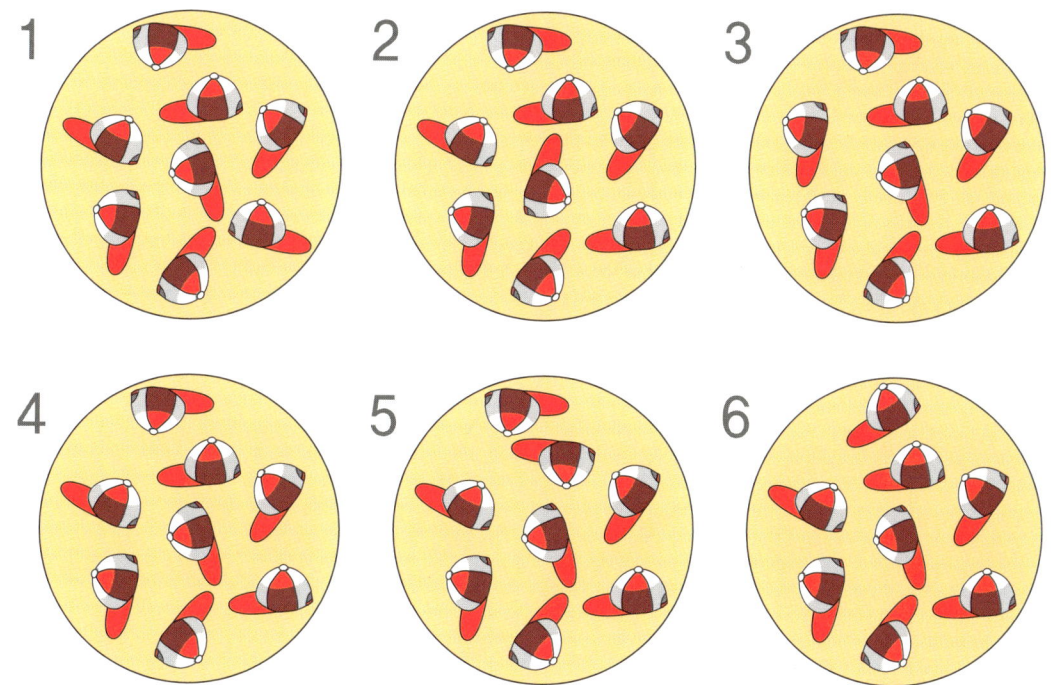

정 답

8 나머지와 다른 그림은 어느 것일까요?

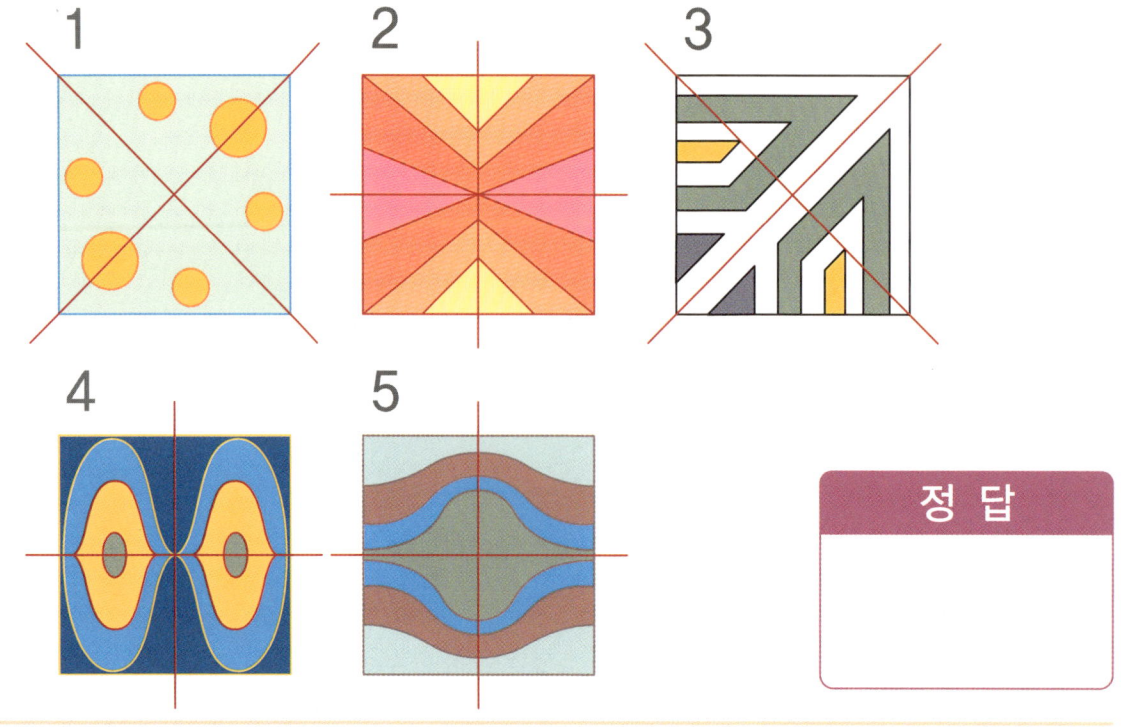

정 답

9 그림처럼 성냥개비 12개로 직각삼각형을 만들었어요. 여기에서 성냥개비를 5개만 옮겨서 면적을 3분의 1로 만들어 보세요.

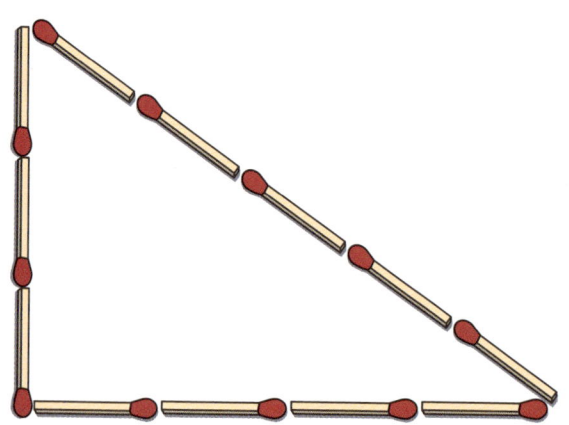

10 보기의 핫도그 퍼즐을 만들 때 필요 없는 조각은 어느 것일까요?

보기

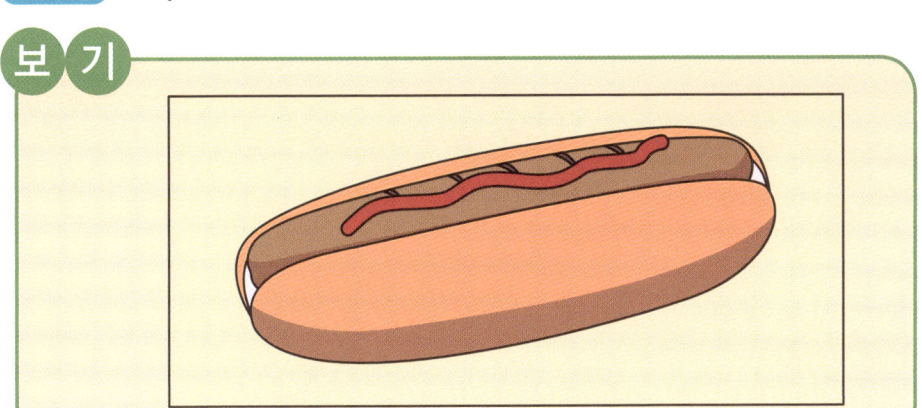

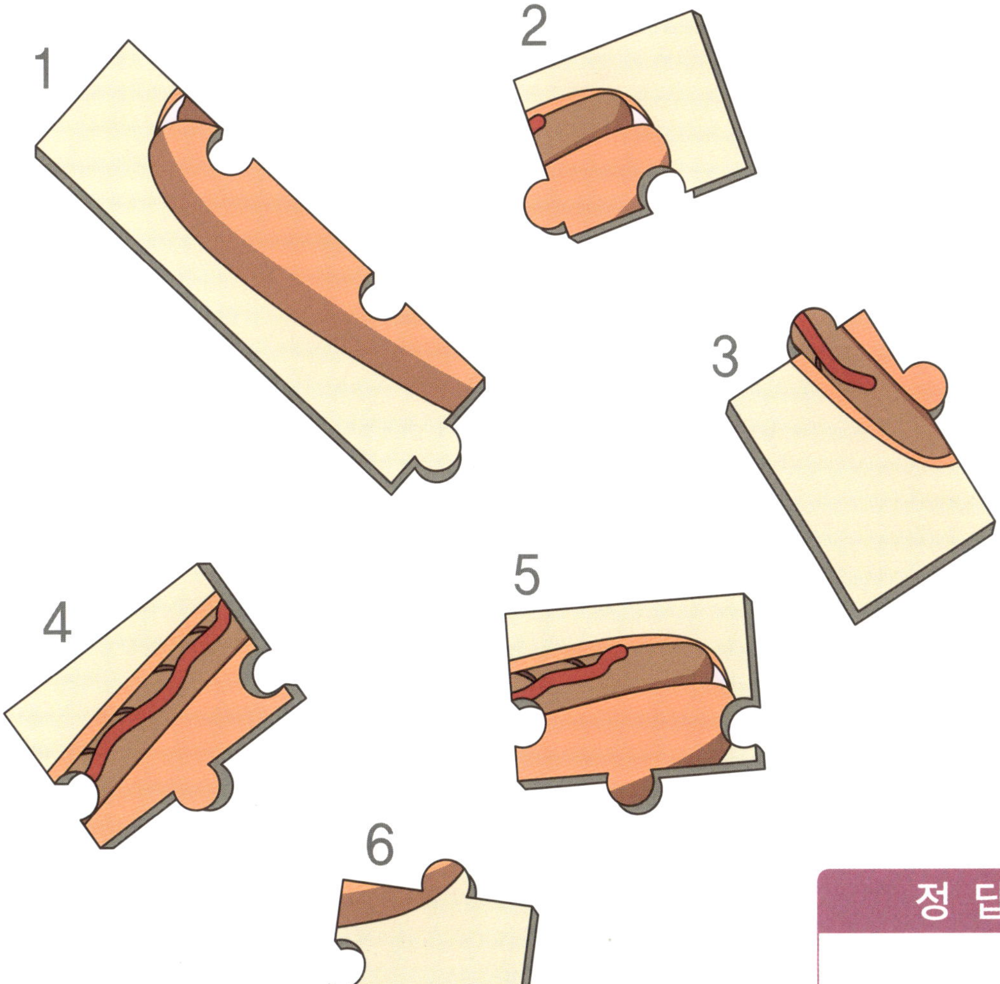

정답

중급편 1단계 정답

1 라

이 도형도 육각형이랍니다.

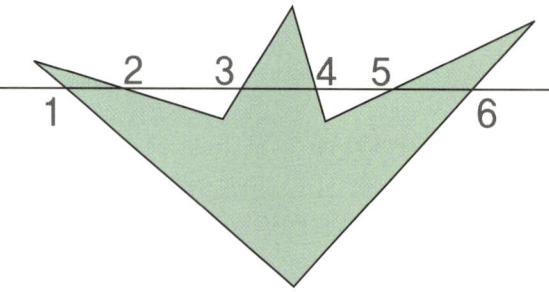

2 라

1번 유리병에 동그라미 친 사탕 4종류가, 2번 유리병에는 없어요.

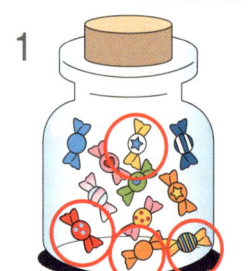

3 다

1번 카드를 뒤집었을 때 2번 카드의 화살표가 나오려면 앞면은 ↙, 뒷면엔 ↙의 모양이어야 해요. 1번에서는 가에 집게손가락, 다에 엄지손가락을 놓고 회전시켜요. 3번과 4번에는 나에 집게손가락, 라에 엄지손가락을 놓고 회전시켜요.

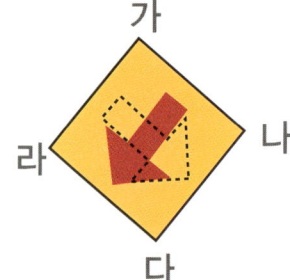

4 5

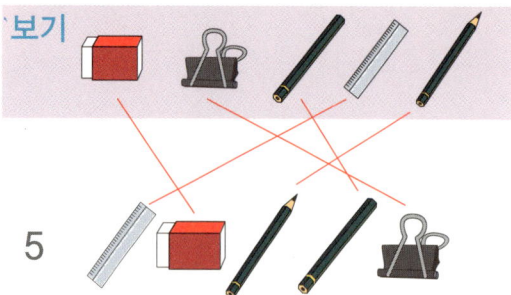

5 5

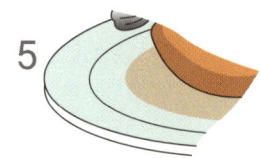
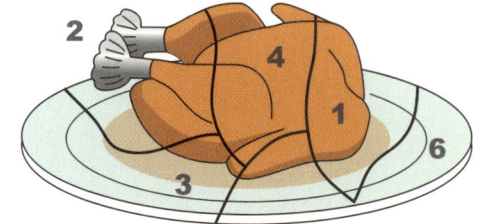

6 4

나머지는 동그라미 친 부분이 달라요.

7 4

1, 2, 3, 5, 6번은 동그라미 친 부분이 달라요.

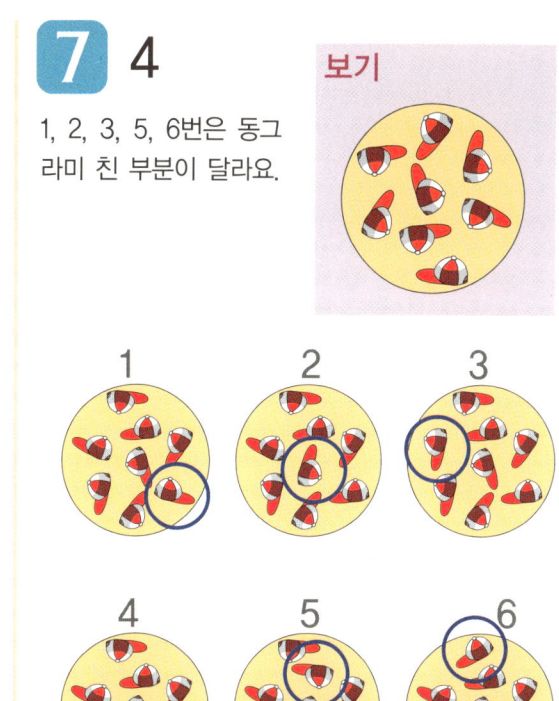

8 3

1, 2, 4, 5번은 도형의 중심에서 직각으로 교차하는 직선 2개의 양쪽이 대칭이에요. 하지만 3번은 대칭이 아니랍니다.

9 3

–·–을 따라 종이를 접듯이 성냥개비 5개를 옮기면 면적이 3분의 1로 줄어들어요.

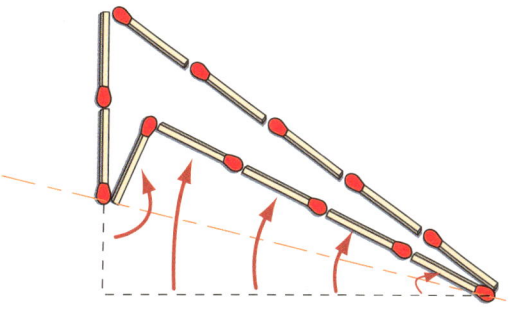

10 5

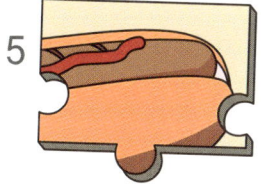
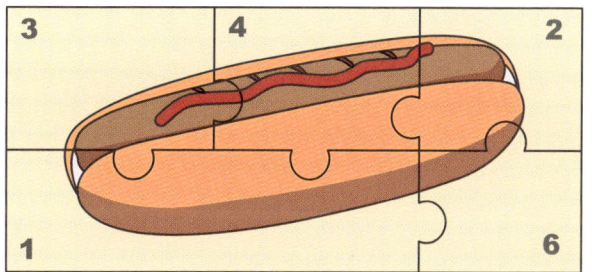

1 나머지와 다른 아기 그림은 어느 것일까요?

정 답

2 정사각형의 색종이를 그림과 같이 접어서 일부분을 가위로 잘라 냅니다. 이 색종이를 펼쳤을 때 어떤 모양이 될까요?

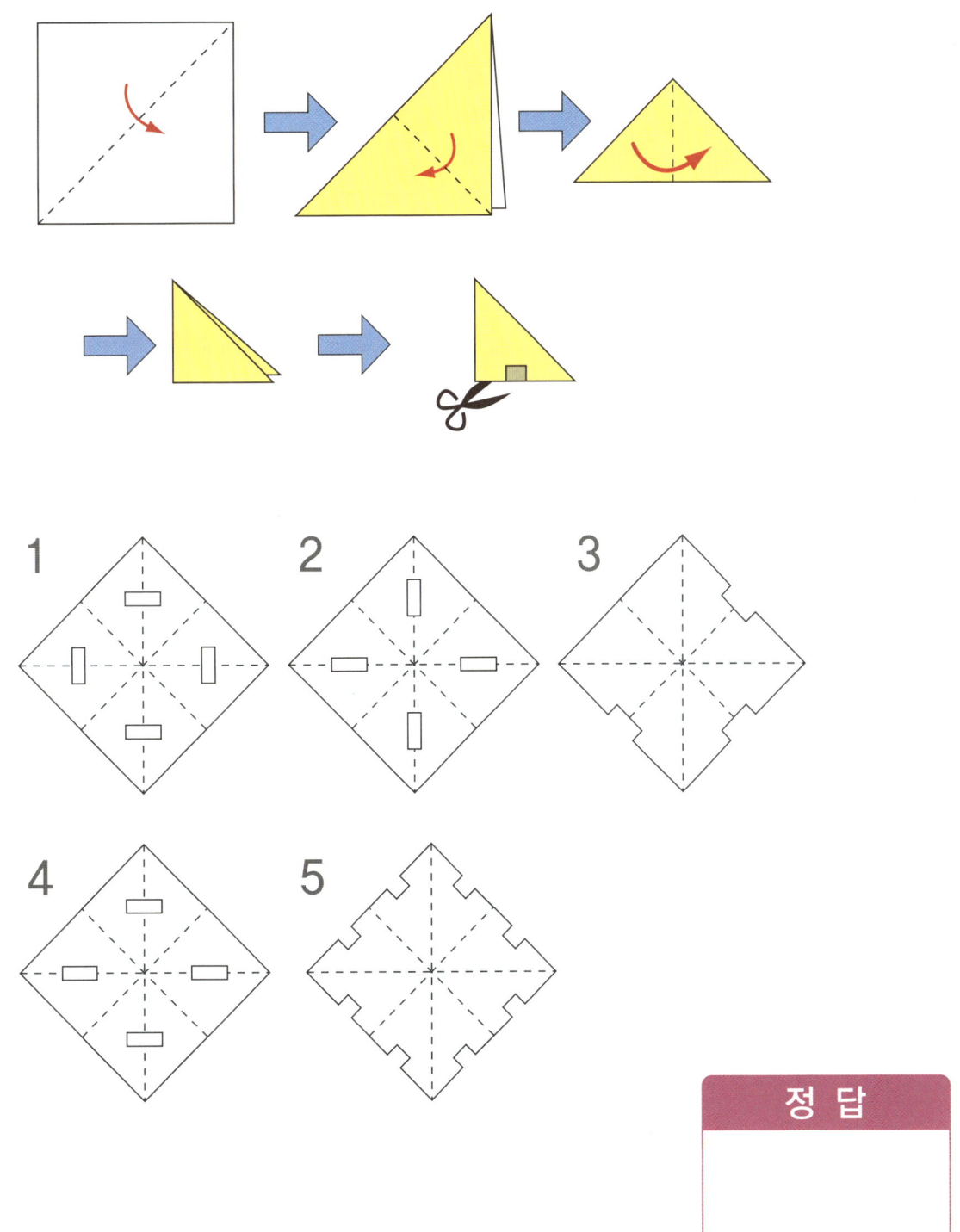

3 고리 30개로 작은 사슬을 7개 만들었어요. 모두 연결해서 커다란 사슬을 1개 만들고 싶은데 최소한 몇 군데를 떼어내서 연결해야 할까요?

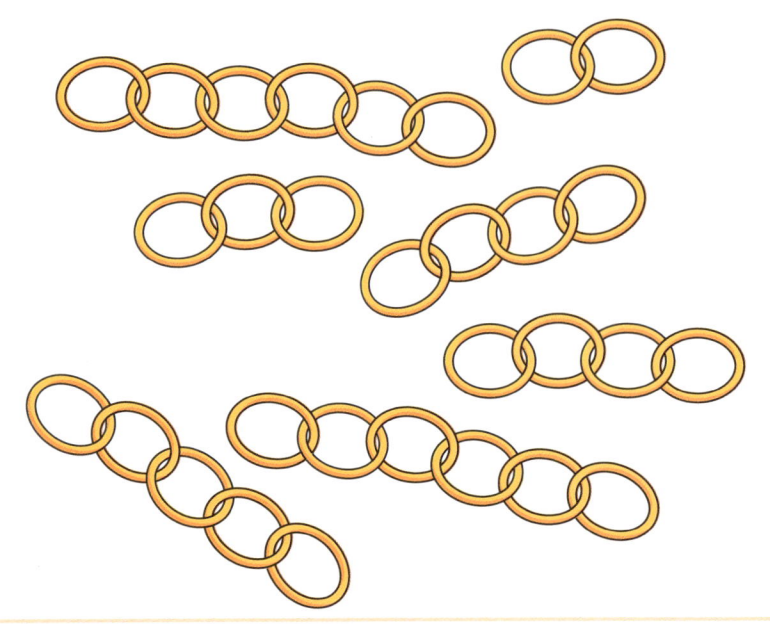

1 4군데
2 5군데
3 6군데
4 7군데

정 답

4 그림과 같이 집 모양을 한 도형이 있습니다. 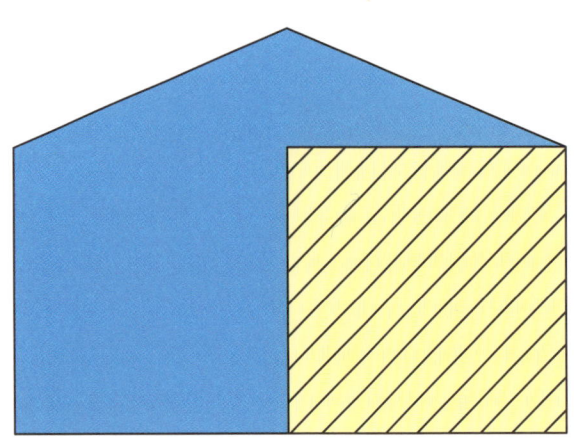 을 제외한 부분을 같은 형태로 이등분하세요.

5 보기의 천사를 위아래, 좌우 반대로 한 그림은 어느 것일까요?

보기

1

2

3
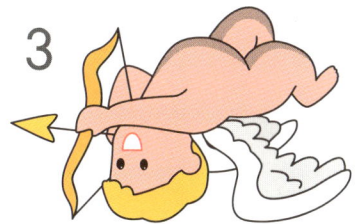

4
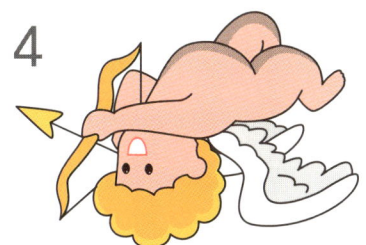

5

6

7

정답

6 보기의 문어 퍼즐을 만들 때 필요 없는 조각은 어느 것일까요?

보기

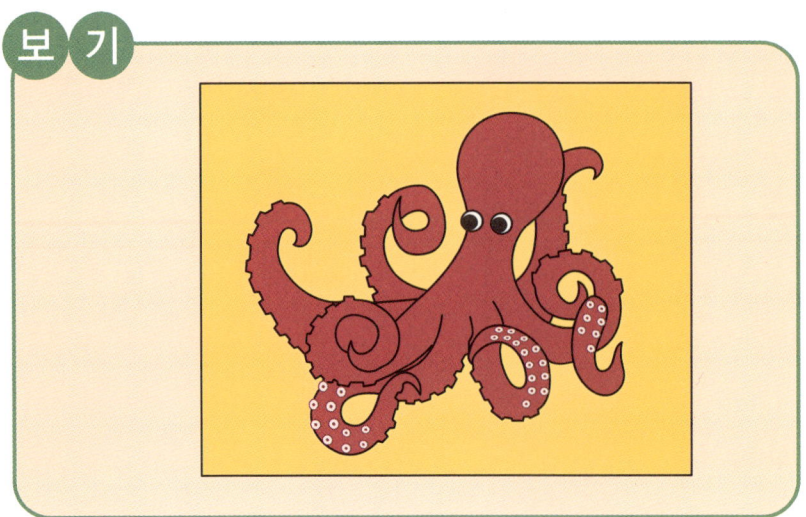

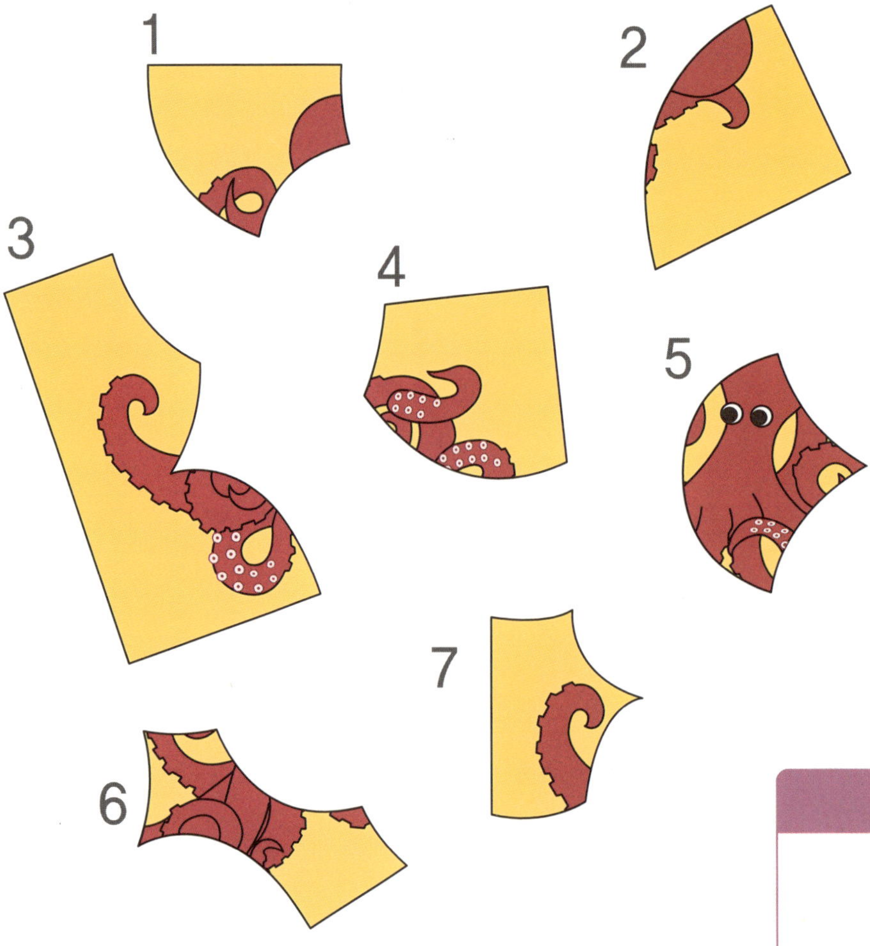

정답

7 보기의 선인장과 같은 구성의 그림은 어느 것일까요?

보기

1

2

3

4

5

6

정 답

8 보기의 초를 위아래 반대로 한 그림은 어느 것일까요?

보기

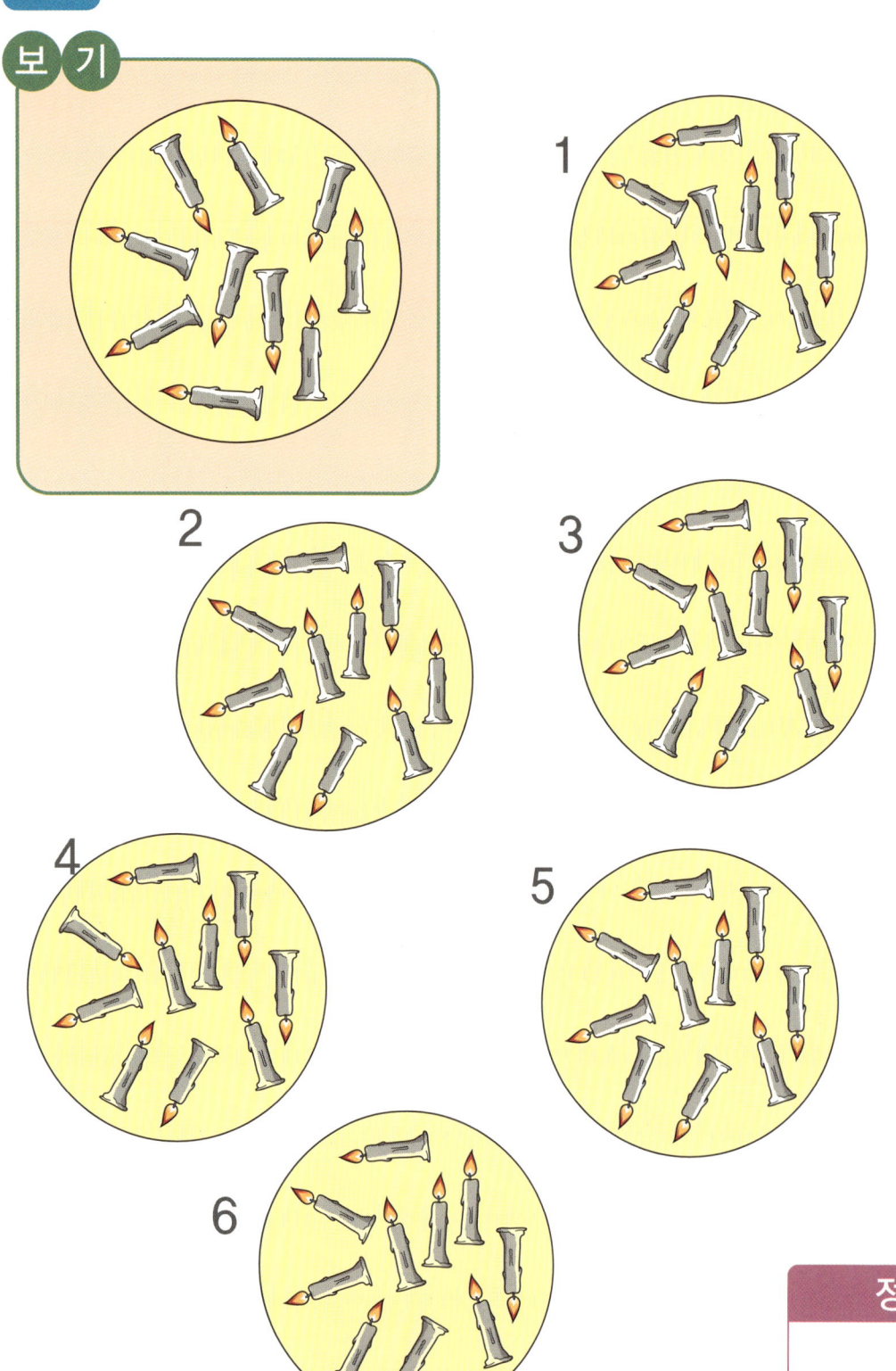

9 그림의 도형을 완전히 똑같은 모양으로 3등분해 보세요. 단, 사용할 수 있는 도구는 연필과 자뿐이에요.

10 그림과 같이 100원짜리 동전 15개로 정삼각형을 만들었어요. 이 모양을 위아래 반대로 만들려면 100원짜리 동전을 최소한 몇 개 움직여야 할까요?

1 3개
2 4개
3 5개
4 6개
5 7개

정 답

중급편 2단계 정답

1 9

9번 아기는 웃고 있어요.

9번 이외의 아기

2 5

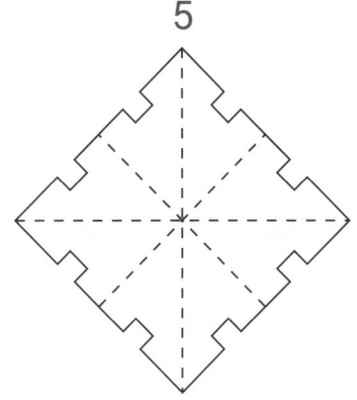

3 2

고리가 2개인 사슬과 고리가 3개인 사슬을 하나하나 떼어내요. 떼어낸 고리 5개를 남은 사슬에 1개씩 연결하면 그림과 같이 5군데로 끝나요.

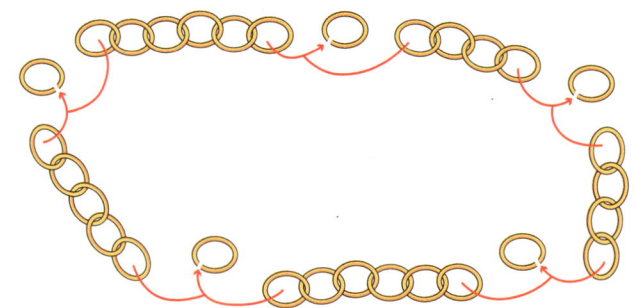

4

그림처럼 직각으로 교차하는 2개의 선을 그으면 같은 모양으로 이등분할 수 있어요.

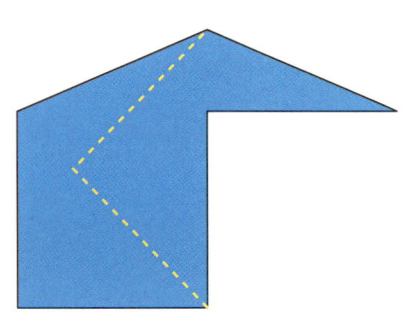

5 7

1번, 2번, 3번, 4번, 5번, 6번은 동그라미 친 부분이 달라요.

보기

6 7

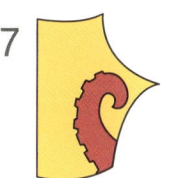

7 4

1, 2, 3, 5, 6번은 동그라미 친 부분이 달라요.

8 3

1, 2, 4, 5, 6번은 동그라미 친 부분이 달라요.

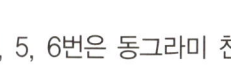
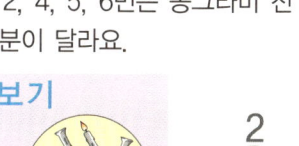
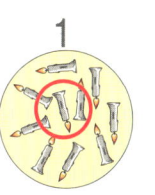
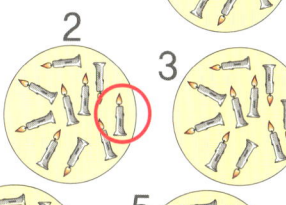
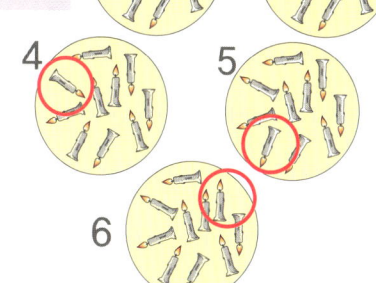

9

그림과 같이 점선을 그으면 3등분이 됩니다.

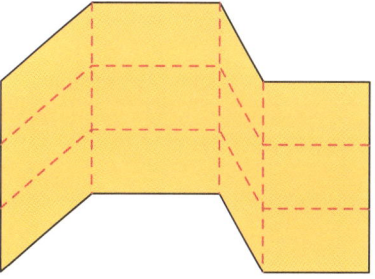

10 3

그림과 같이 동전 5개를 옮기면 됩니다.

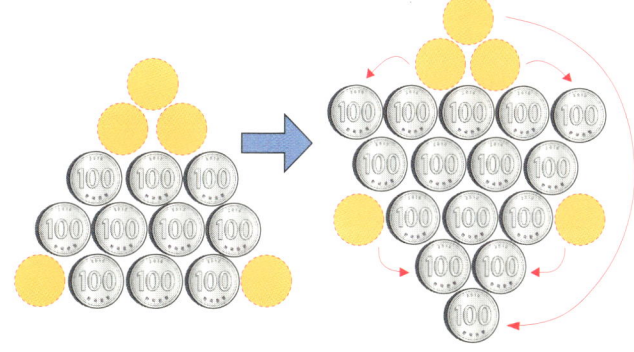

1 물음표 안에 들어갈 그림은 보기 가운데 어느 것일까요?

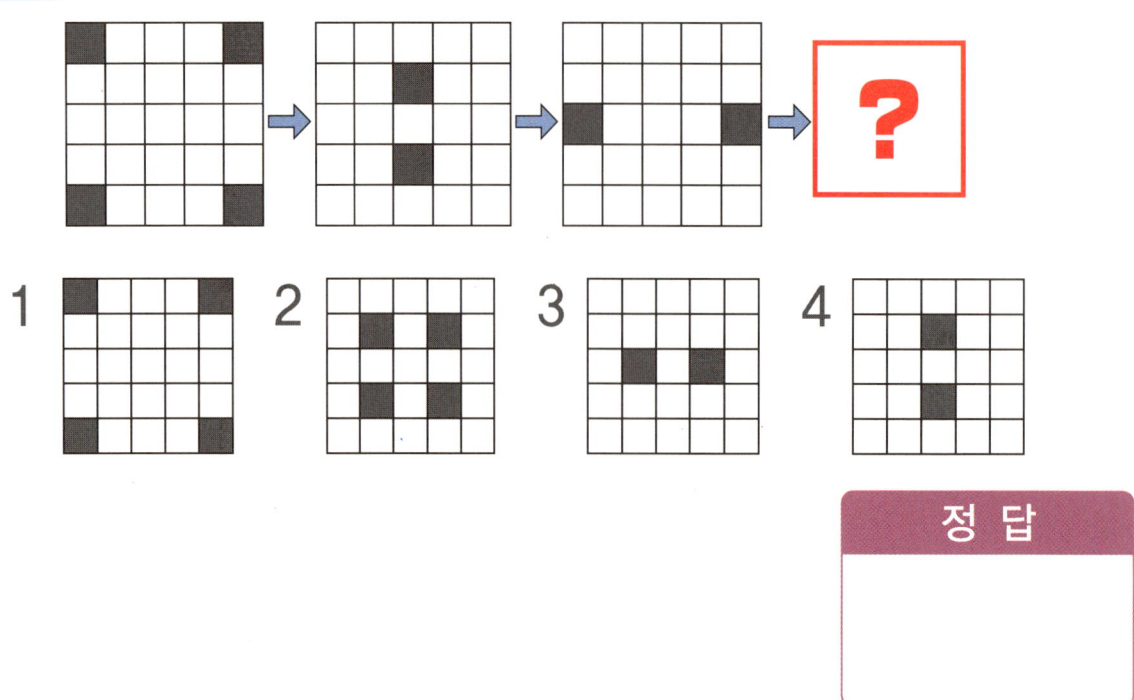

정답

2 정사각형 색종이를 2번 접어서 검정 부분을 잘라내서 펼쳤을 때의 모양은 어느 것일까요?

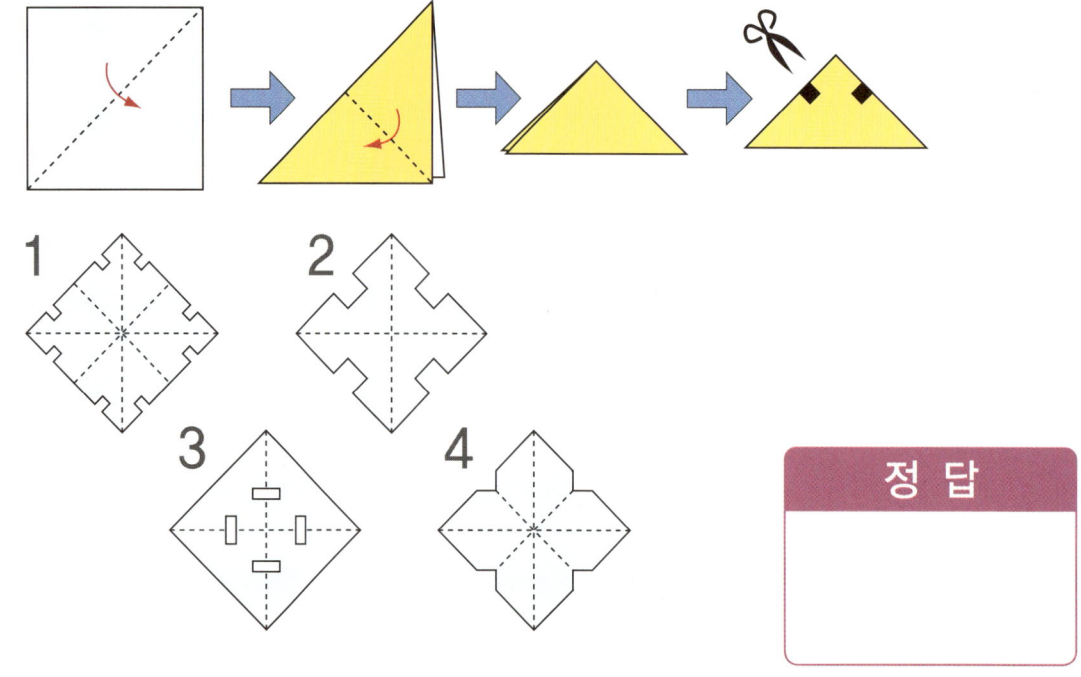

정답

 보기를 위아래, 좌우 반대로 한 그림은 어느 것일까요?

보기

1
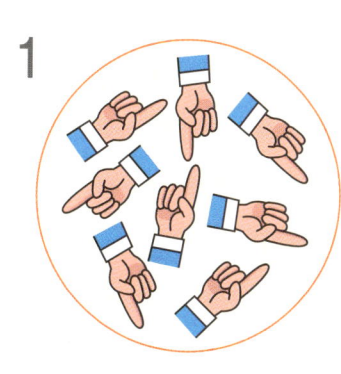

2

3
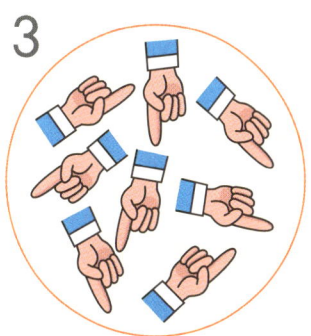

4
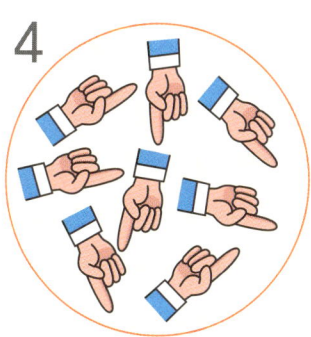

5

6
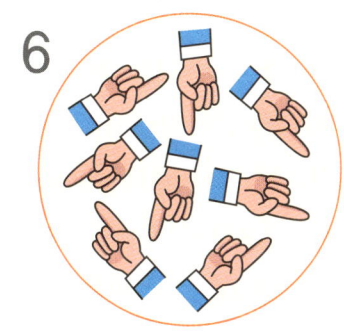

정 답

4 보기를 만들 때 필요 없는 조각은 어느 것일까요?

보기

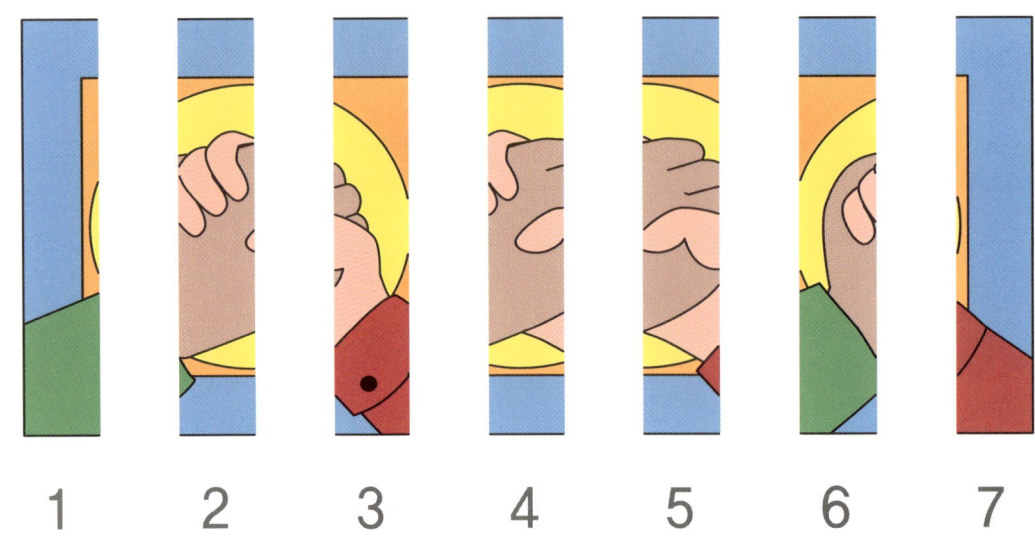

1　2　3　4　5　6　7

정 답

 나머지와 다른 신랑, 신부 종이접기 그림은 어느 것일까요?

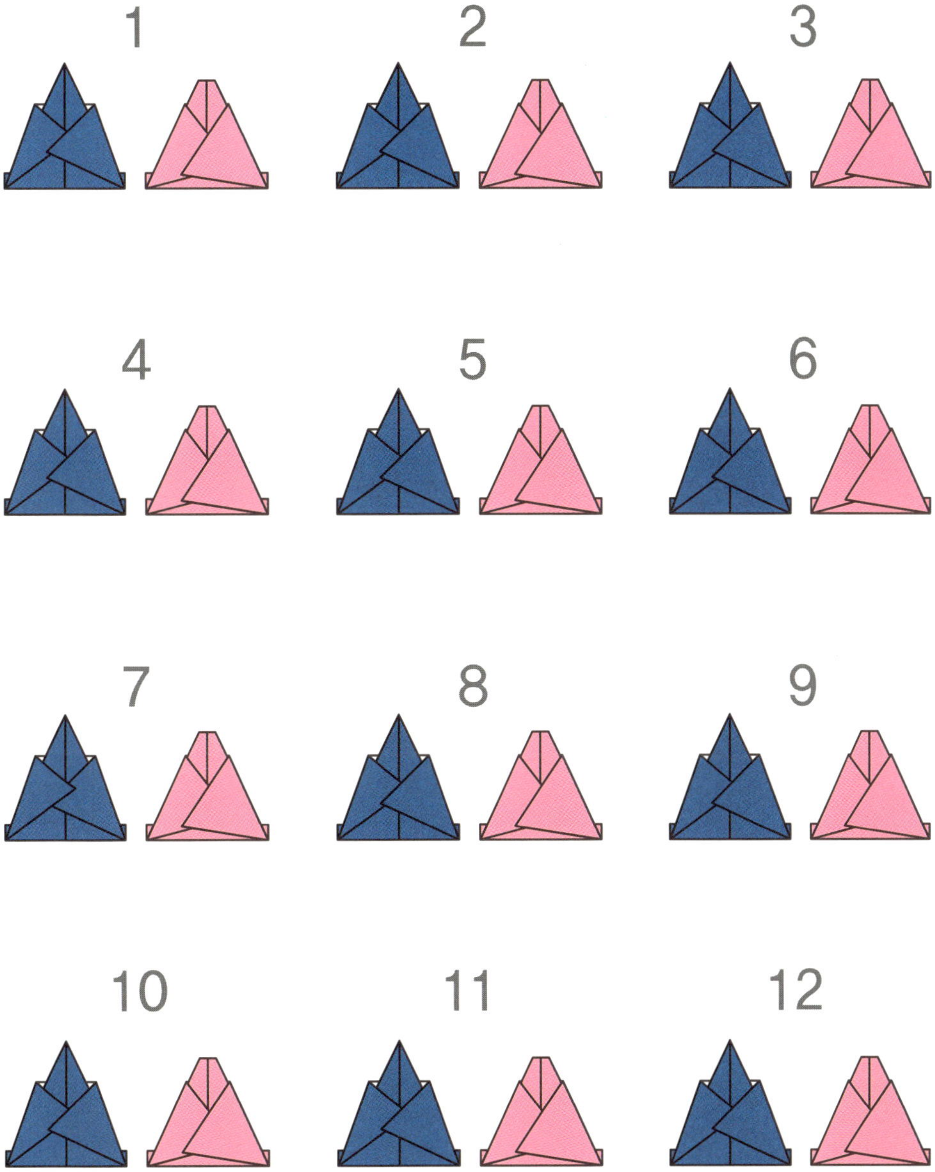

1 2 3

4 5 6

7 8 9

10 11 12

정 답

6 구성이 같은 원은 어느 것과 어느 것일까요?

1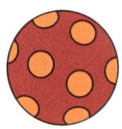

2

3

4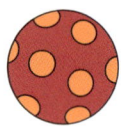

5

6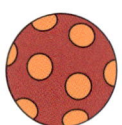

정 답

7 정사각형의 색종이를 그림과 같이 접어요. 다음과 같이 그 일부분을 가위로 잘랐을 때 펼쳐진 모양은 어느 것일까요?

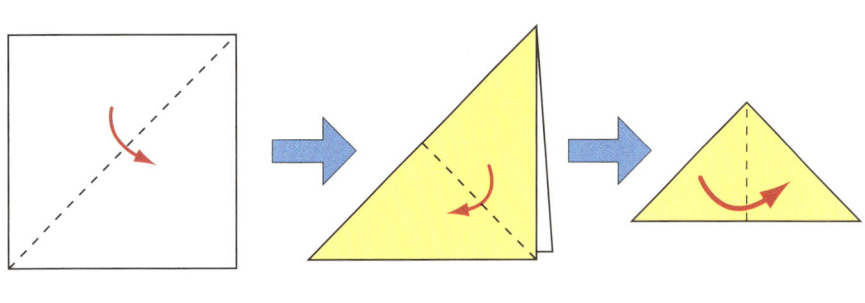

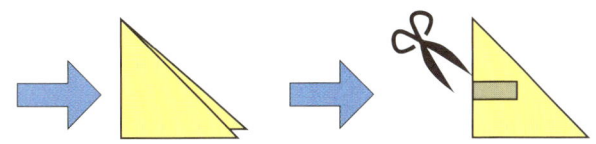

1 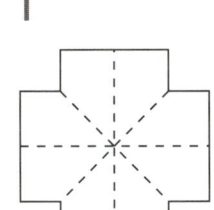   2 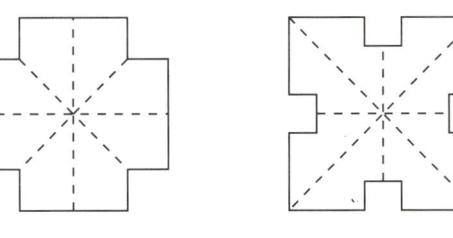   3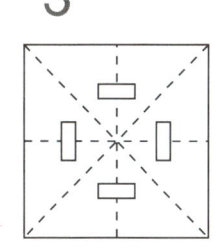

4 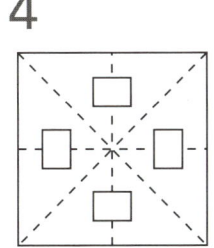   5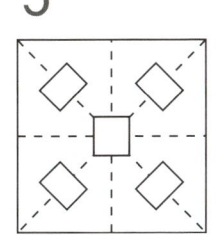

정 답

8 다음 정육면체의 올바른 전개도는 어느 것일까요?

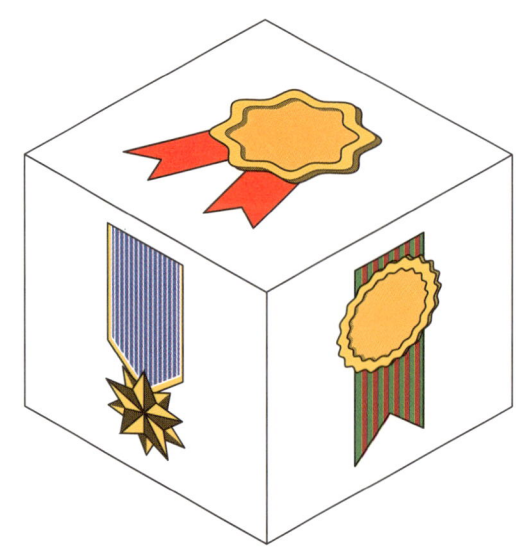

1
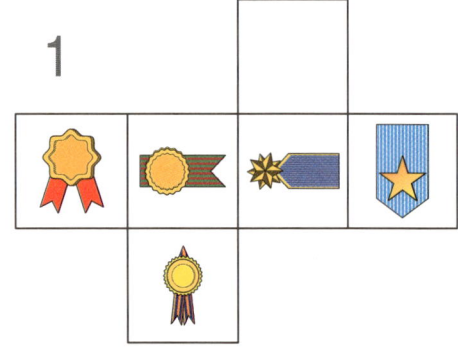

2

3
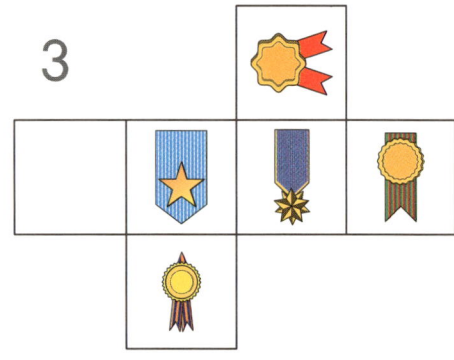

4

정 답

9 보기의 시계 퍼즐을 만들 때 필요 없는 조각은 어느 것일까요?

보 기

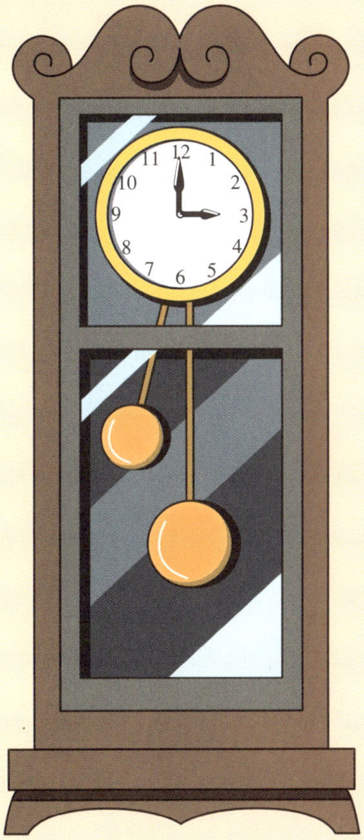

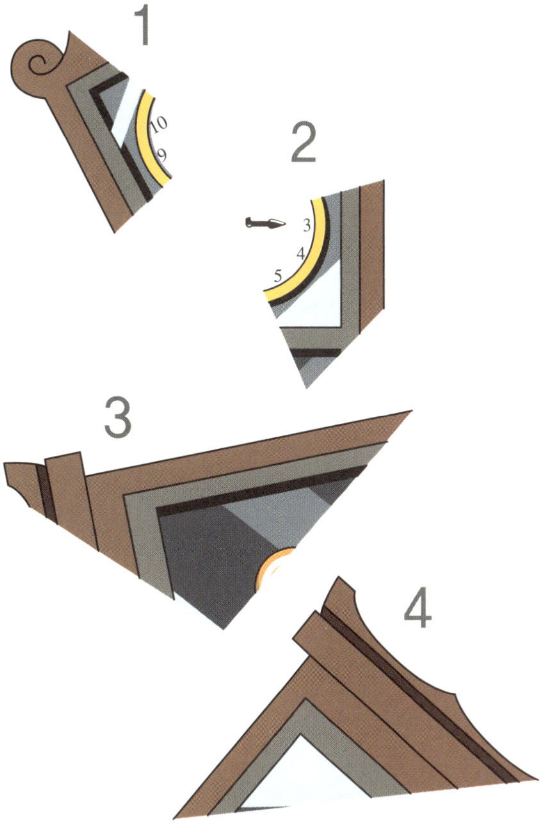

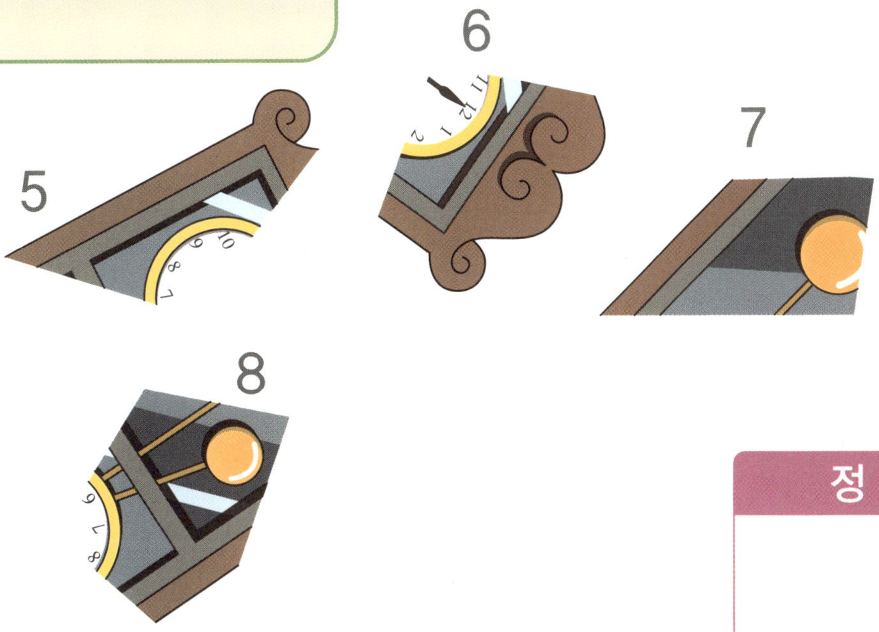

정 답

10 구성이 같은 나뭇잎 그림은 어느 것과 어느 것일까요?

정 답

중급편 3단계 정답

1 4

회색으로 칠해진 정사각형 4개는 대각선 방향으로 이동합니다.

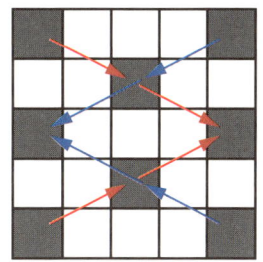

2 3

색종이를 실제로 가위로 잘라 보세요.

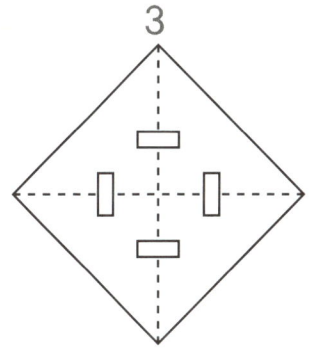

3 3

1, 2, 4, 5, 6번은 동그라미 친 부분이 달라요.

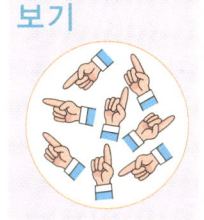
보기

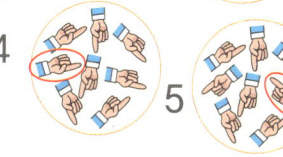

4 4

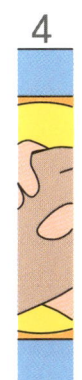

5 7

동그라미 친 부분이 달라요.

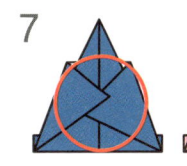 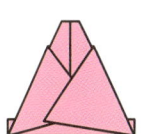

7번 이외의 종이접기

 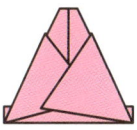

6 4와 6

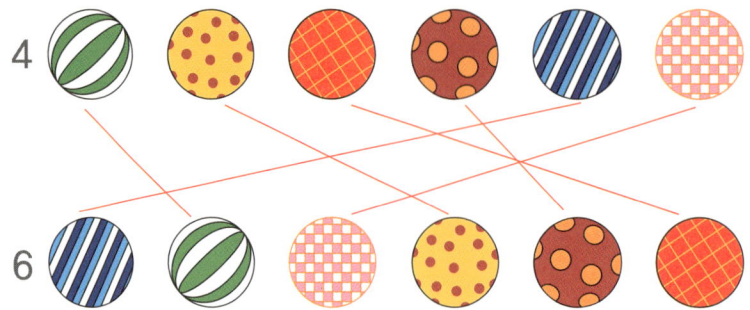

7 3

색종이를 실제로 가위로 잘라 보세요.

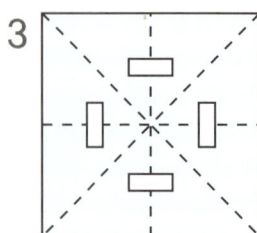

8 4

모를 때는 전개도를 복사해서 실제로 정육면체를 만들어 보세요.

9 5

10 3과 6

1, 2, 4, 5번은 동그라미 친 부분이 달라요.

상급편 · 30문제

◆ 1단계 · 10문제
◆ 2단계 · 10문제
◆ 3단계 · 10문제

상급편 해답 소요 시간
각 단계마다 15분(총 45분)

상급편
1
2
3

1회 정답 개수	1단계	2단계	3단계	합계

2회 정답 개수	1단계	2단계	3단계	합계

3회 정답 개수	1단계	2단계	3단계	합계

우뇌 IQ 단계

당신의 우뇌는 최고 수준이에요. 146~160	
당신의 우뇌는 굉장히 우수해요. 131~145	
당신의 우뇌는 평균 수준이에요. 116~130	
좀 더 노력하세요. 100~115	
날마다 IQ 훈련 문제를 푸세요. 99 이하	

우뇌 IQ 수치표

정답 개수	우뇌 IQ 수치
28~30	160
25~27	152
22~24	144
19~21	136
16~18	128
13~15	120
10~12	112
7~9	104
4~6	96
1~3	88

1 보기와 같은 그림은 어느 것일까요?

보기

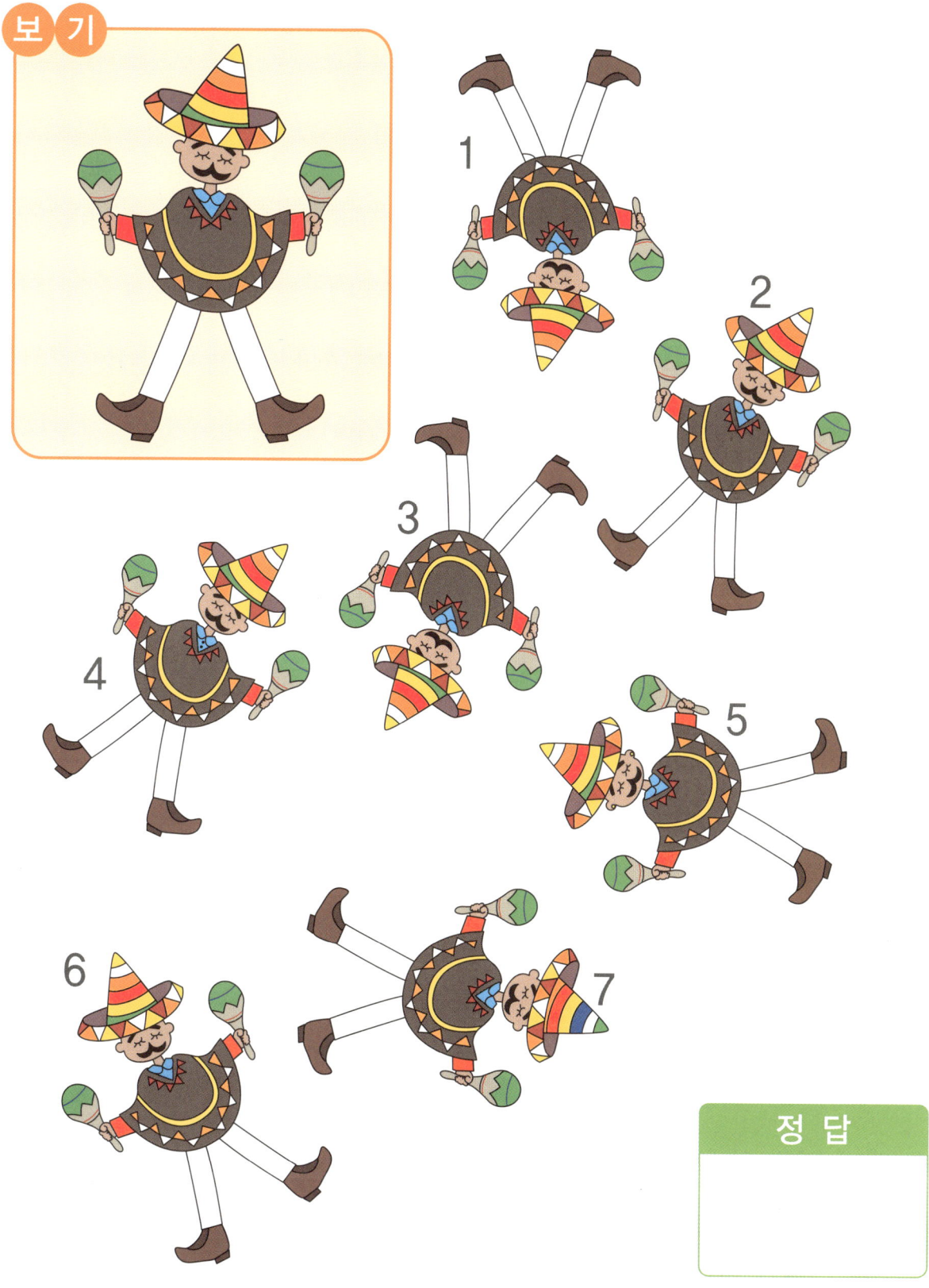

정 답

2

7리터, 9리터, 12리터 용기가 있어요. 그 가운데 12리터 용기에만 기름이 하나 가득 들어 있어요. 이 용기의 기름을 1리터만 남기려면 용기를 몇 번 바꿔야 할까요? 단, 용기에는 눈금이 없어요.

정 답

3

성냥개비 6개가 있어요. 모든 성냥개비가 다른 5개와 접할 수 있도록 쌓아 보세요.

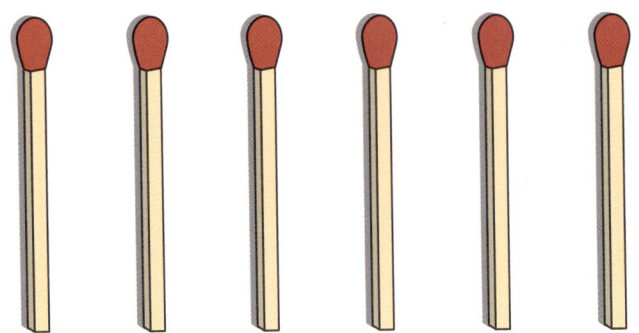

4 보기의 퍼즐을 맞출 때 필요 없는 조각은 어느 것일까요?

보기

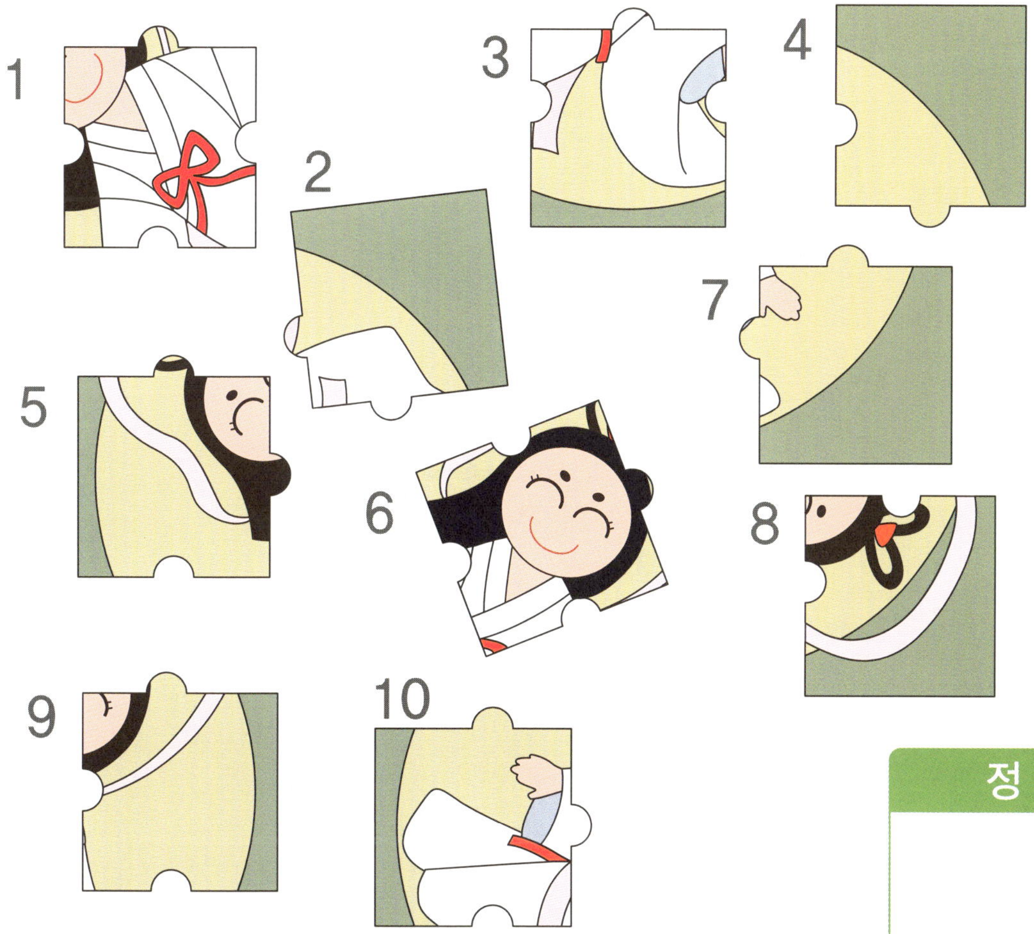

정답

5 10원짜리 동전 8개로 가로, 세로 각각 10원짜리 동전이 3개씩 놓인 열을 4개 만들었어요. 10원짜리 동전을 옮기지 않고, 다른 10원짜리 동전을 4개 더해서 동전이 4개씩 놓인 열을 6개 만들어 보세요.

6 성냥개비 18개로 그림과 같은 모양을 만들었어요. 이 그림을 같은 모양으로 5등분해 보세요. 단, 성냥개비는 몇 개를 사용해도 괜찮아요. 모양은 반대로 되어 있어도 상관없어요.

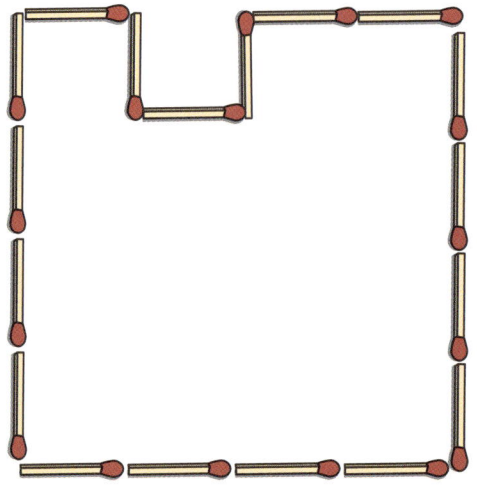

7 보기의 선인장과 같은 그림은 어느 것일까요?

정 답

8 보기의 안경을 위아래, 좌우 반대로 한 그림은 어느 것일까요?

보기

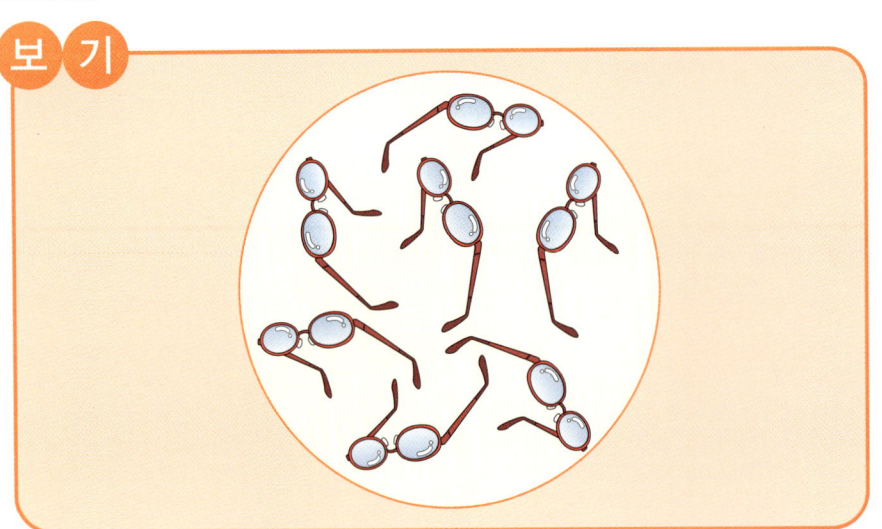

9 보기의 곤충과 같은 구성의 그림은 어느 것과 어느 것일까요?

보기

상급편 ① ② ③

정답

10 물음표 안에 들어갈 그림은 보기 가운데 어느 것일까요?

1    2    3    4    5

정 답

상급편 1단계 정답

1 6

1, 2, 3, 4, 5, 7번은 동그라미 친 부분이 달라요.

2 다섯 번째

아래의 표처럼 하면 다섯 번째에 가능해요.

	12ℓ	9ℓ	7ℓ
첫 번째	3ℓ	9ℓ	0ℓ
두 번째	3ℓ	2ℓ	7ℓ
세 번째	10ℓ	2ℓ	0ℓ
네 번째	10ℓ	0ℓ	2ℓ
다섯 번째	1ℓ	9ℓ	2ℓ

3

처음에 성냥개비 3개를 부채 모양으로 배열하고 그 위에 같은 식으로 성냥개비 3개를 올려두면 됩니다.

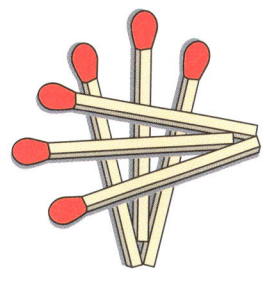

4 6

5

그림과 같이 10원짜리 동전 4개를 더하면 10원짜리 동전이 4개씩 놓인 열을 6개 만들 수 있어요.

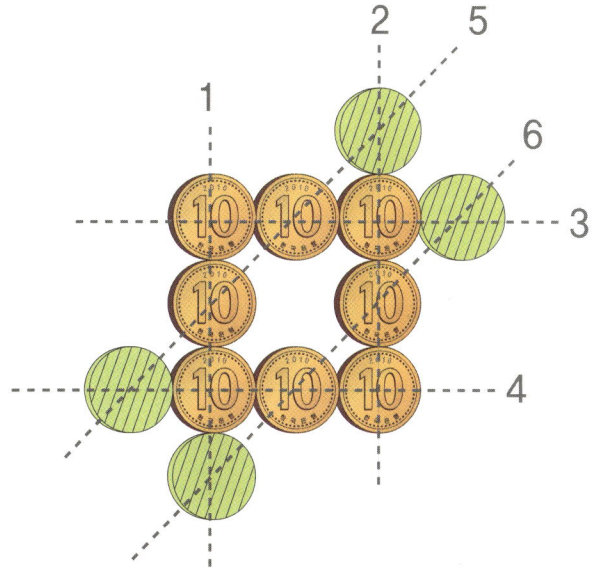

6
그림처럼 같은 모양으로 5등분할 수 있어요.

7 6
나머지는 동그라미 친 부분이 달라요.

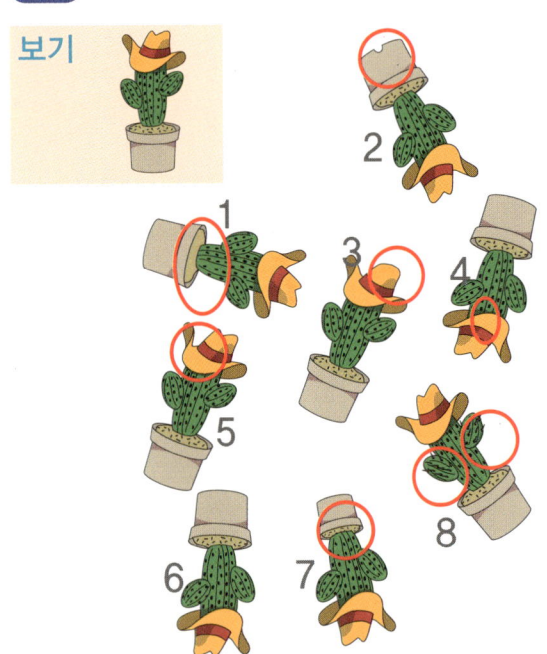

8 5
1, 2, 3, 4, 6번은 동그라미 친 부분이 달라요.

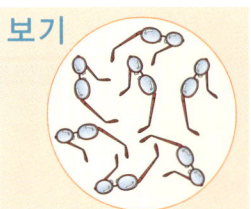
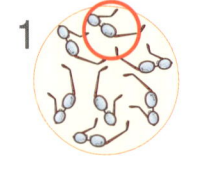
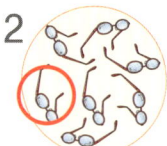
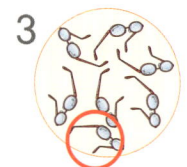
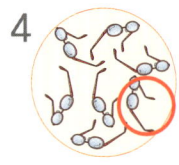
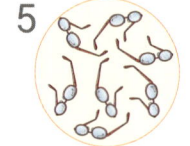
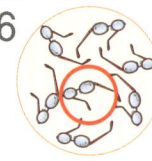

9 4와 8

4

8

10 5
대각선을 경계로 대칭으로 되어 있어요.

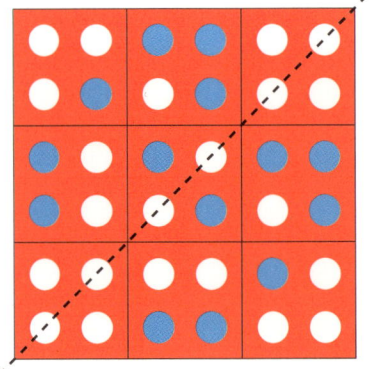

1 그림과 같이 마주하는 변이 모두 평행인 육각형이 있어요. 단, 면적은 몰라요. 이 도형을 자와 연필만 써서 직선 하나로 면적을 이등분해 보세요.

2 같은 종류의 열매를 매단 나뭇가지는 어느 것과 어느 것일까요?

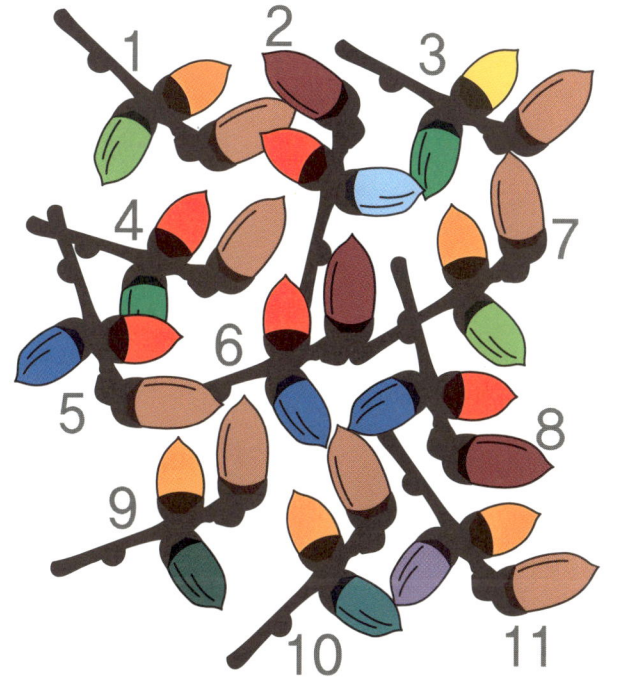

정 답

3 구성이 같은 가면 그림은 어느 것과 어느 것일까요?

1

2

3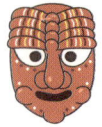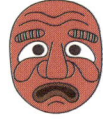

4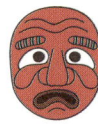

5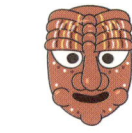

6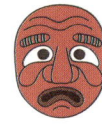

7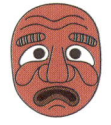

8

정 답

4 그림과 같은 모양의 호수가 있어요. 이 호수의 둘레를 버스가 운행하고, 호수의 가 지점과 나 지점의 사이는 유람선이 왕복합니다. 버스가 호수를 한 바퀴 도는 데 6시간이 걸리고 유람선은 버스의 반 정도의 속도로 운행됩니다. 그렇다면 유람선이 가 지점과 나 지점 사이를 한 번 왕복하는 데 몇 시간이나 걸릴까요?

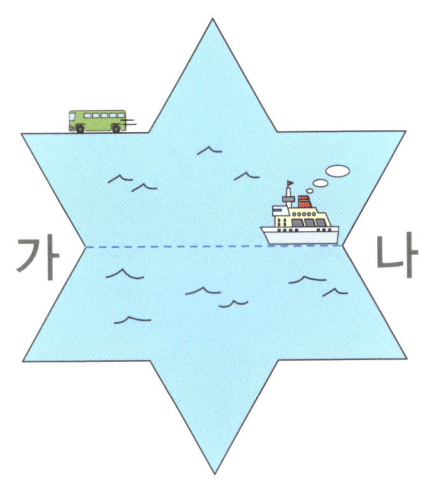

1   2시간
2   3시간
3   4시간
4   5시간
5   6시간

정 답

5 그림과 같이 10원짜리 동전 6개를 육각형 모양으로 바꾸려면 동전을 몇 번 옮기면 될까요?

정 답

6 보기의 오징어를 위아래, 좌우 반대로 한 그림은 어느 것일까요?

보기
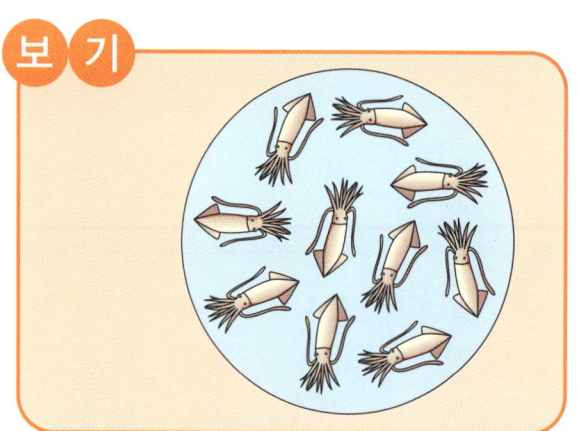

1
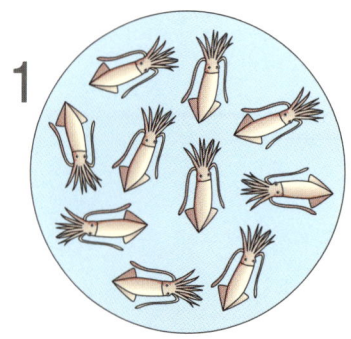

2
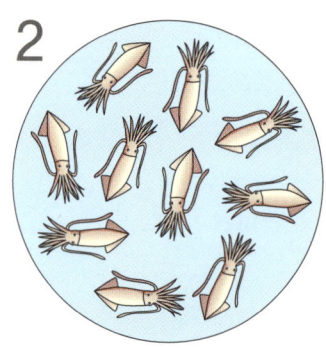

3
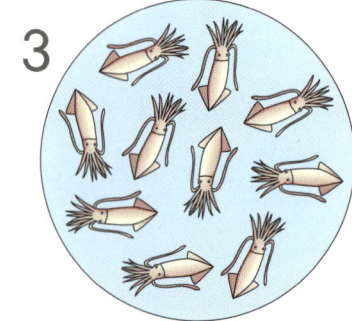

4
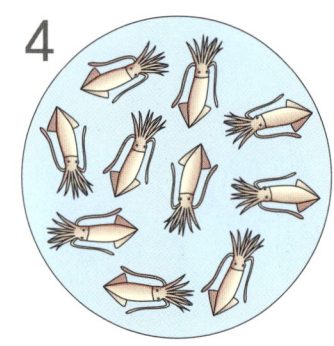

5
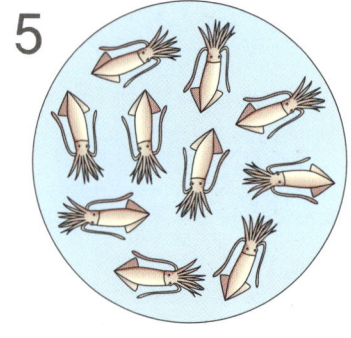

6
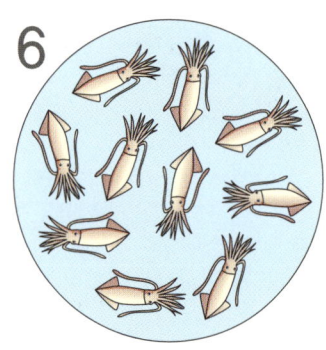

정 답

7 나머지와 다른 바이올린 연주자 그림은 어느 것일까요?

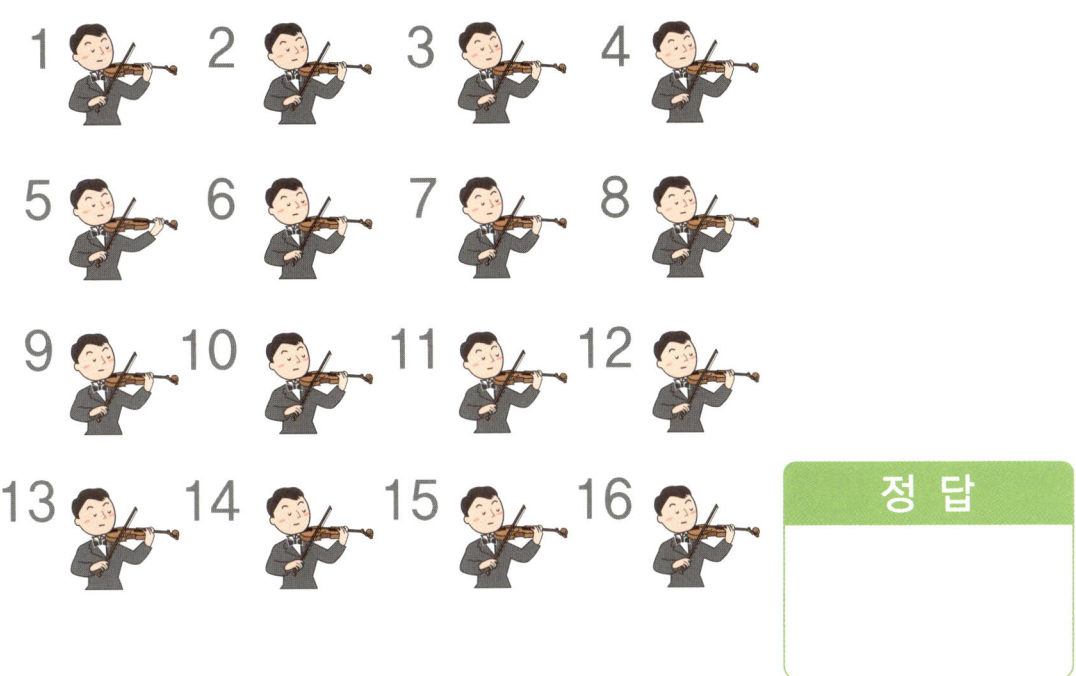

정 답

8 네모 칸 9개 안에 10원짜리 동전과 100원짜리 동전이 각각 3개씩 놓여 있어요. 옆 칸이 비어 있으면 가로, 세로, 대각선으로 1칸은 이동할 수 있어요. 10원짜리 동전이나 100원짜리 동전을 먼저 3개씩 1열(대각선이어도 좋아요)로 배열하는 쪽이 이깁니다. 그렇다면 어떻게 해야 이길 수 있을까요?

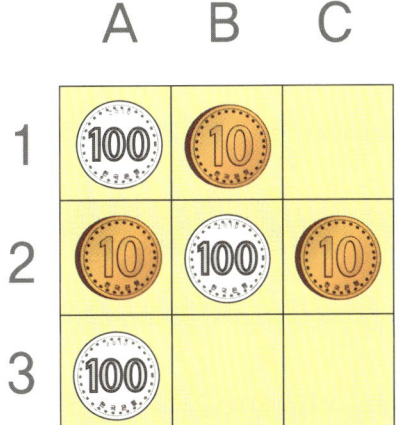

9 보기의 스포츠용품과 같은 구성의 그림은 어느 것일까요?

보기

1

2

3

4

5

정 답

10

10원짜리 동전이 8개 놓여 있어요. 그 중에 하나를 선택해서 왼쪽 또는 오른쪽으로 10원짜리 동전을 2개 건너뛴 자리에 10원짜리를 겹쳐 놓습니다. 이렇게 반복해서 마지막에 10원짜리 동전 4개를 2개씩 겹치고 싶습니다. 어떻게 옮기면 될까요?

※ 2개 겹친 10원짜리 동전을 건너뛴다면 그건 이미 2개를 건너뛴 셈이 됩니다.

상급편 2단계 정답

1

그림과 같이 먼저 이 도형을 2개의 직사각형(또는 정사각형)으로 나눠요. 다음에 직사각형 2개의 중심을 대각선으로 그어서 연결합니다. 2개의 중심을 연결하는 직선으로 이 도형을 자르면 면적을 이등분할 수 있어요.

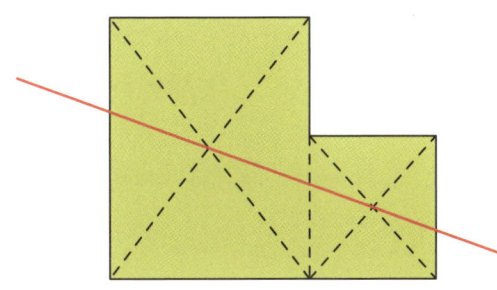

2 1과 7

3 1과 8

4 3

그림과 같이 나누어서 생각하면 됩니다. 삼각형의 2변을 버스는 1시간에 달리는 셈이에요. 유람선의 속도는 버스의 반이니까 2시간 × 2시간 = 4시간이에요.

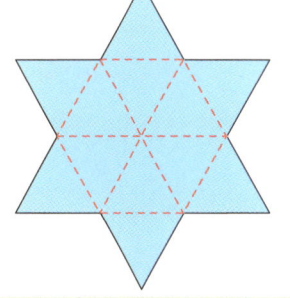

5 네 번

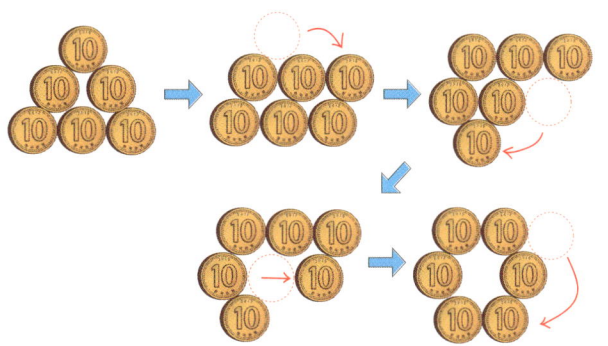

6 6

1, 2, 3, 4, 5번은 동그라미 친 부분이 달라요.

보기

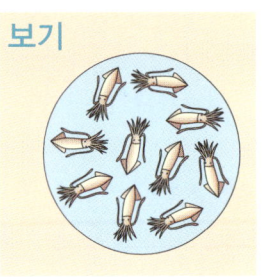

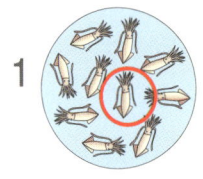

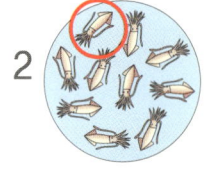

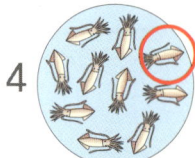

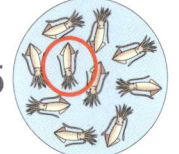

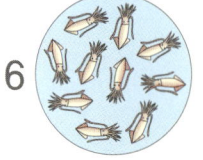

7 5

동그라미 친 부분이 달라요.

8

100원짜리 동전으로 먼저 공격하면 이길 수 있어요. 먼저 2열 C 위치에 있는 10원짜리 동전을 왼쪽 아래인 3열 B 위치로 옮겨요. 그리고 2열 B 위치에 있는 100원짜리 동전을 2열 C 위치로 옮겨야 해요. 그렇게 하면 2열 B 위치가 비기 때문에 그곳에 2열 A 위치의 10원짜리 동전을 갖다 놓으면 됩니다.

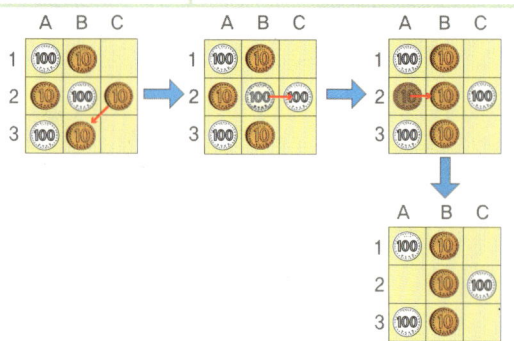

9 4

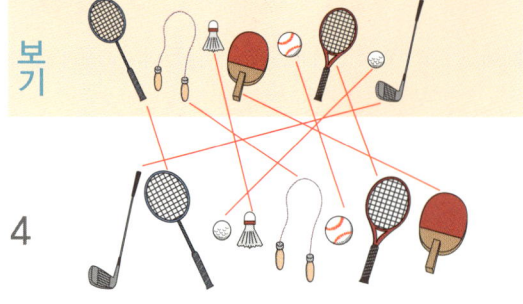

10

10원짜리 동전에 그림과 같이 왼쪽부터 번호를 매겨요. 4번째 동전을 7번째로, 6번째 동전을 2번째로, 8번째 동전을 5번째로, 1번째 동전을 3번째에 겹치면 동전 4개가 2개씩 겹치게 됩니다.

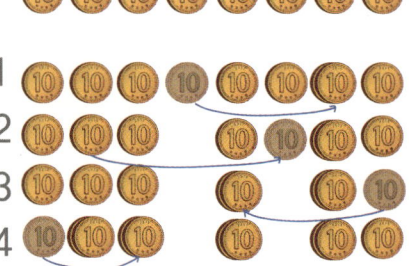

1 보기의 퍼즐을 맞출 때 필요 없는 조각은 어느 것일까요?

정 답

2 이 가운데 1마리밖에 없는 고양이는 어느 것일까요?

3 물음표 안에 들어갈 그림은 보기 가운데 어느 것일까요?

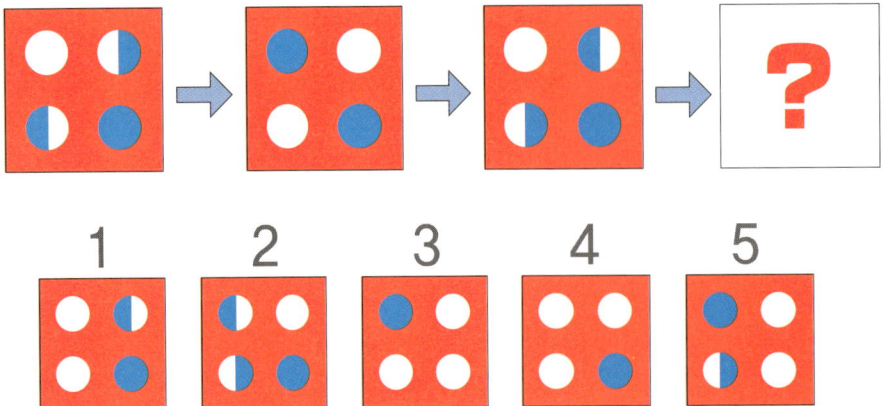

정 답

4 보기의 당근을 위아래, 좌우 반대로 한 그림은 어느 것일까요?

보기

1

2

3

5

4

6

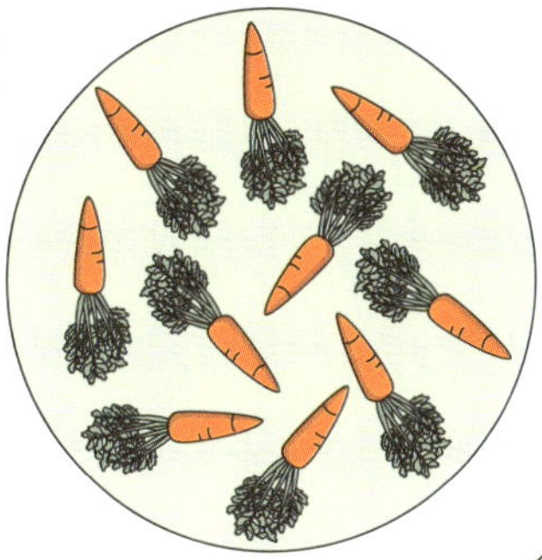

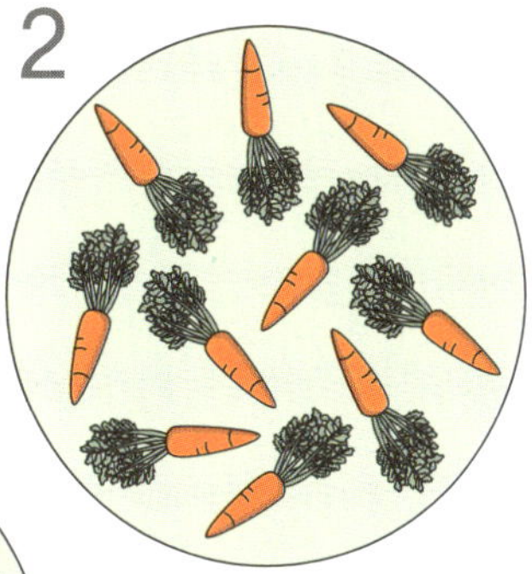

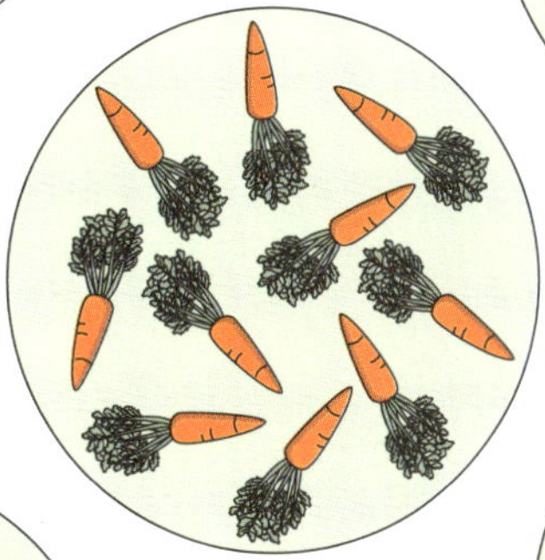

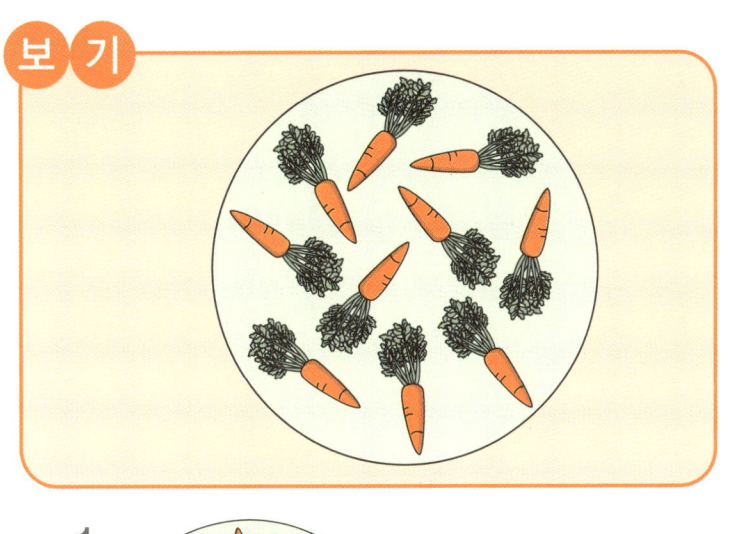

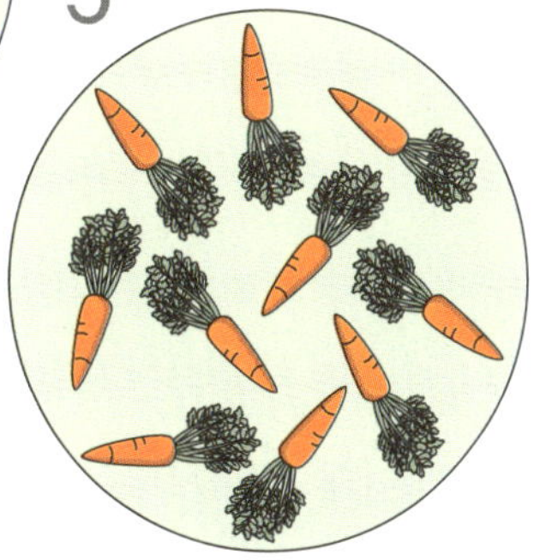

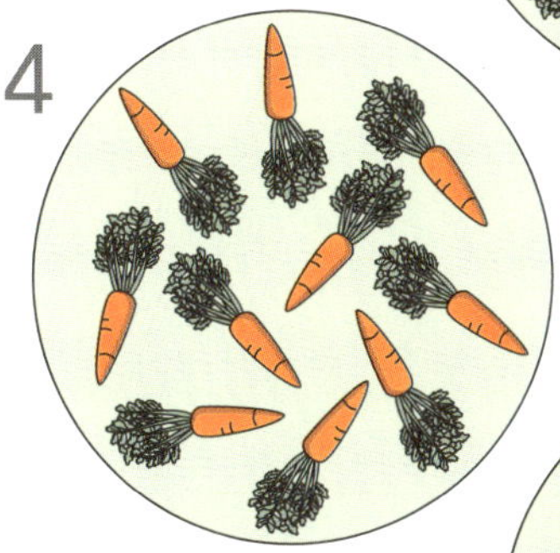

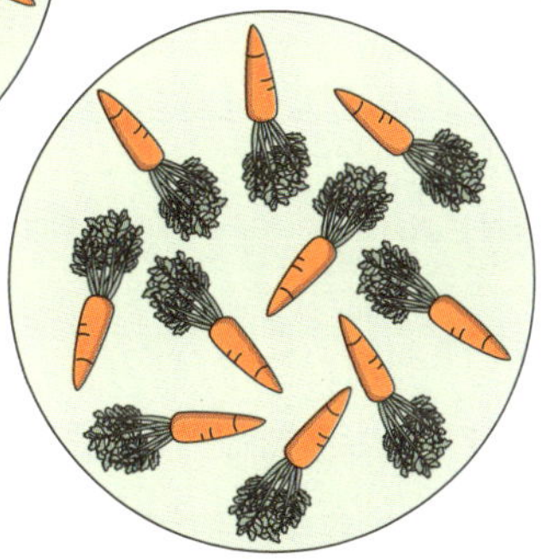

정 답

5 보기의 볶음밥과 같은 그림은 어느 것일까요?

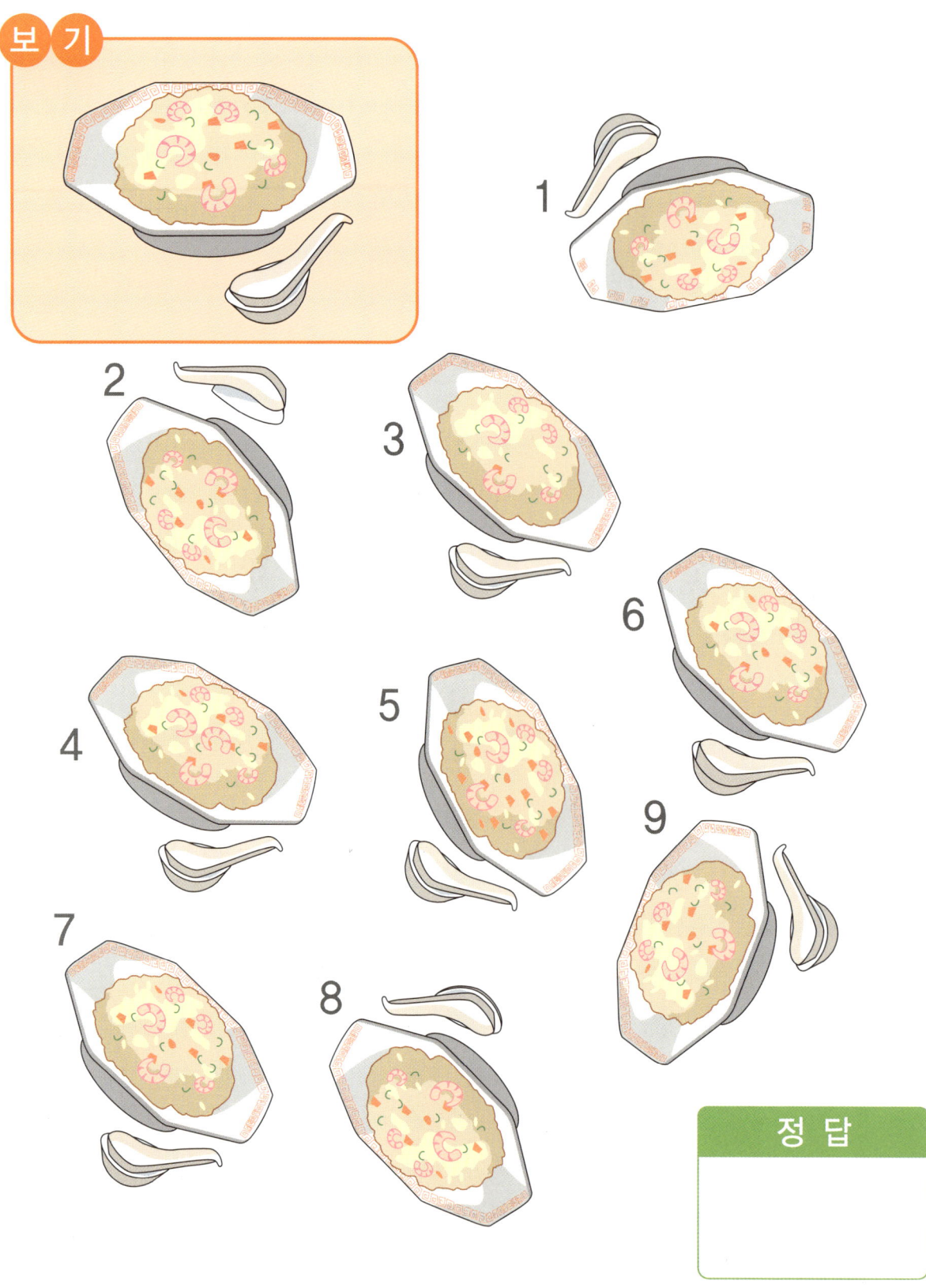

정 답

6 직사각형 ABCD의 꼭짓점 C가 변 AB 위에 오도록 접은 그림이에요. ①의 각도는 몇 도일까요?

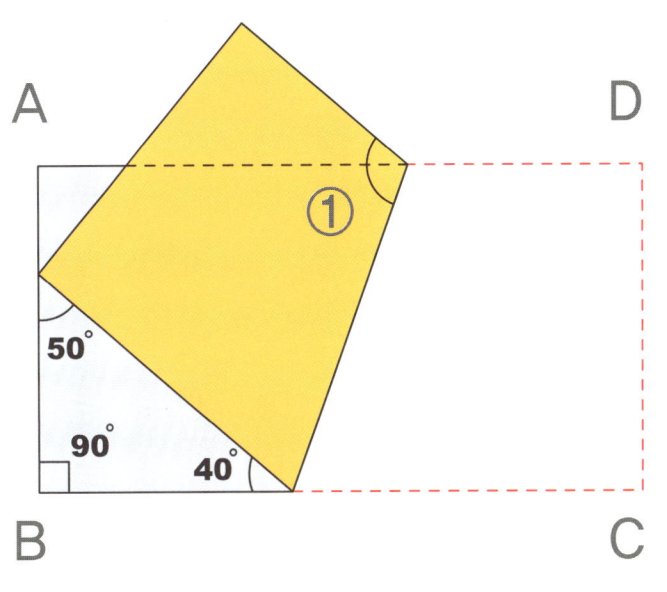

1 90도
2 100도
3 110도
4 120도
5 130도

정 답

7 보기의 스톱워치를 위아래, 좌우 반대로 한 그림은 어느 것일까요?

보 기

정 답

1    2    3 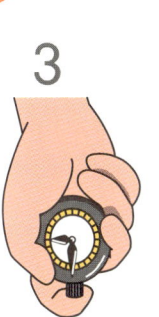   4 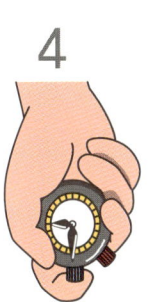   5    6

8 보기의 버섯과 같은 구성의 그림은 어느 것일까요?

보기

1

2

3

4

5

정답

9 보기의 야구방망이를 위아래, 좌우 반대로 한 그림은 어느 것일까요?

보기

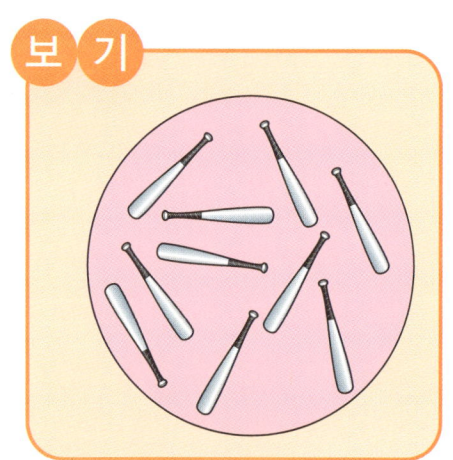

정답

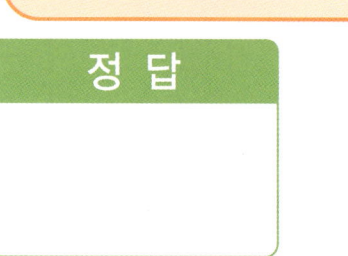

1 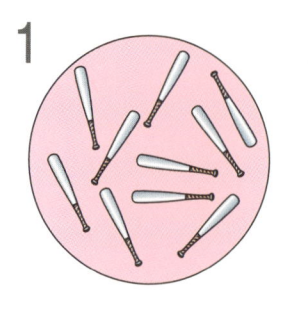   2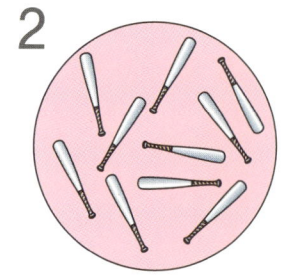

3 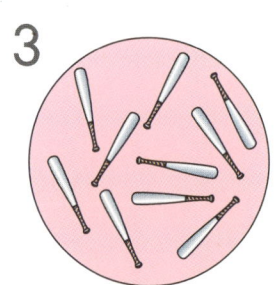   4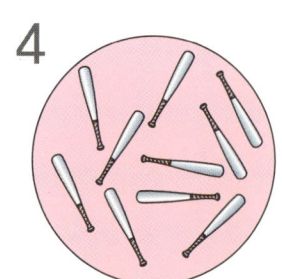

10 같은 그림은 어느 것과 어느 것일까요?

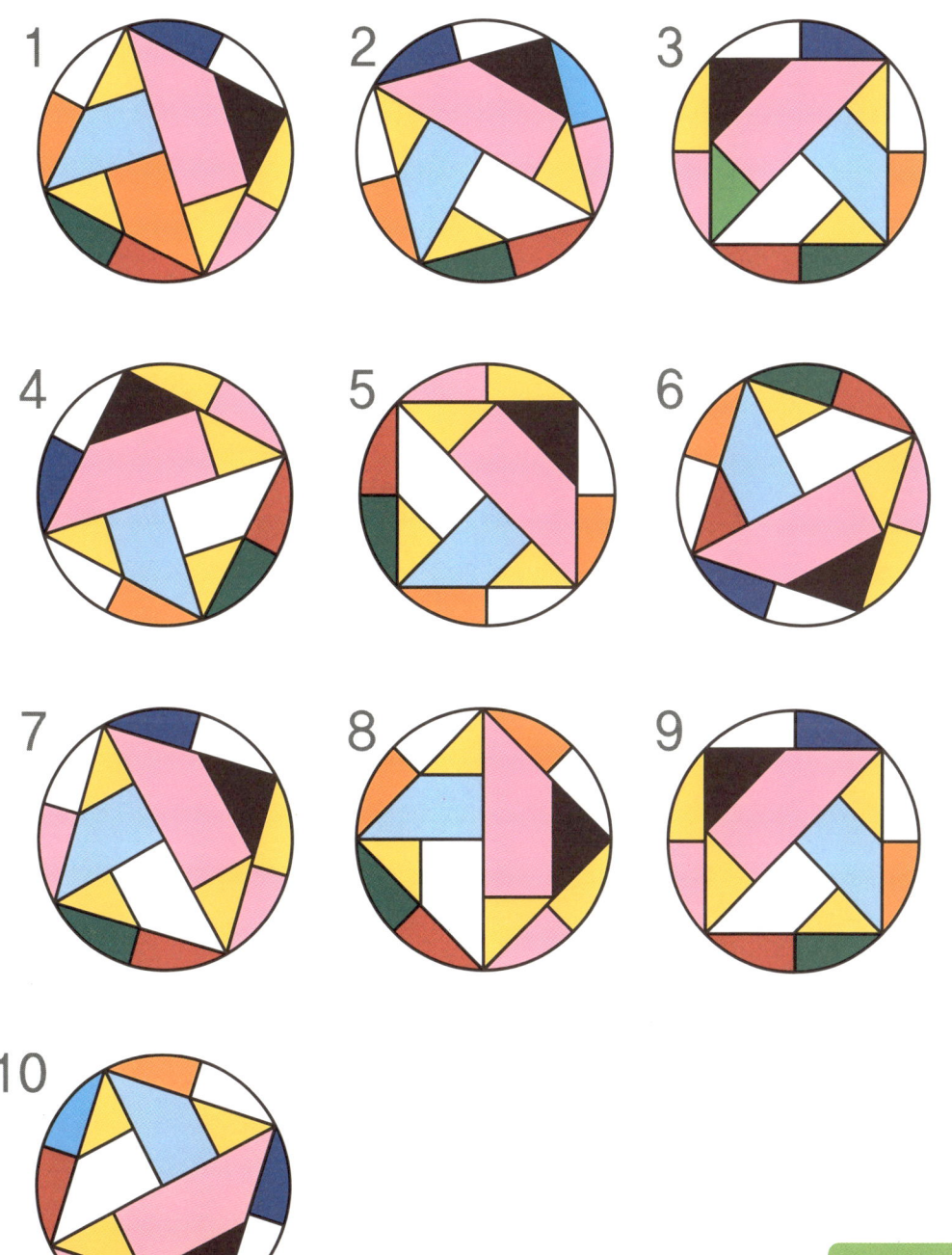

정 답

상급편 3단계 정답

1 5

2 동그라미 친 부분의 고양이만 1마리예요.

3 4

도형의 ◯과 ● 은 움직이지 않아요. ◐ 은 반시계 방향으로 한 칸씩, ◑ 은 시계 방향으로 한 칸씩 움직입니다. 하지만 겹쳐진 도형은 그대로 표시합니다.

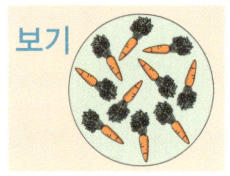

4 6

1, 2, 3, 4, 5번은 동그라미 친 부분이 달라요.

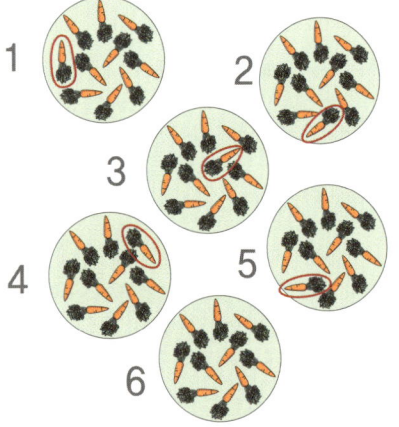

5 7

나머지는 동그라미 친 부분이 달라요.

6 3

접었으므로 ○와 ○, ●와 ●가 같다는 걸 알 수 있어요. 삼각형의 내각의 합은 180°이므로 ×는 40°예요. ○은 (180−40)÷2=70°, ●은 180−○ 이므로 180°−70°=110°예요.

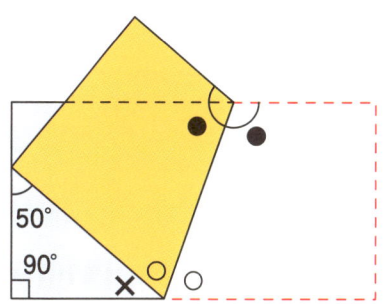

7 4

1, 2, 3, 5, 6번은 동그라미 친 부분이 달라요.

8 4

9 2

1, 3, 4번은 동그라미 친 부분이 달라요.

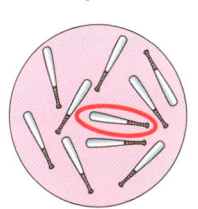
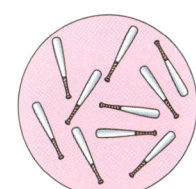
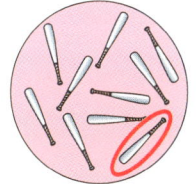
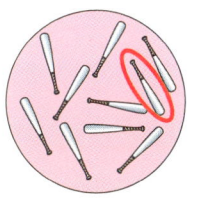

10 4와 9

나머지는 동그라미 친 부분이 달라요.

고다마 미츠오(児玉光雄) 지음

고다마 미츠오 선생님은 1947년에 일본 효고 현에서 태어나 교토대학교 공학부를 졸업했습니다. 그 뒤 미국으로 건너가 캘리포니아대학교 로스앤젤레스캠퍼스(UCLA) 대학원에서 공학 석사 학위를 받았어요. 유학을 마치고 일본으로 돌아와서 10년 동안 스미토모 전기공업 연구개발본부에서 근무하다가 독립했습니다. 그리고 미국 올림픽 위원회 스포츠 과학 분야 객원연구원으로 올림픽 선수의 자료를 분석하는 일을 했습니다. 1982년에 주식회사 스포츠 소프트 저팬을 설립해서 프로스포츠 선수를 중심으로 우뇌 개발 훈련에 힘쓰고 있습니다. 우뇌 활성 프로그램의 카리스마 트레이너로서 이제까지 많은 수험생을 위한 잡지와 대형 학원에 우뇌 개발 훈련 자료를 제공했습니다. 스스로 이름 붙인 '우뇌 IQ'라는 개념을 퍼뜨리기 위해 열심히 노력하고 있습니다. 현재 가노야 체육대학 교수로 일본 스포츠 심리학회 회원입니다.
지은 책으로 『IQ가 높아지는 하루 10분 동안의 우뇌 훈련』, 『IQ가 높아지는 속·우뇌 훈련』, 『IQ가 높아지는 아이의 우뇌 훈련』, 『천재 뇌를 만든다! 초 우뇌 훈련』, 『우뇌 퍼즐로 단련하는 아이의 IQ 훈련』, 『최강 우뇌 훈련』 등 120여 권이 있습니다.

안소현 옮김

안소현 선생님은 중앙대학교 일본어학과를 졸업한 일본어 전문 번역가예요. 한 줌의 재가 되기 전까지 좋은 책을 아름다운 우리말로 바르게 번역하고 싶은 꿈이 있다고 합니다. 옮긴 책으로 『종이접기 놀이북』, 『아카시아』, 『소세키 선생의 사건일지』, 『물방울』, 『샤라쿠 살인사건』, 『인간 실격』, 『우리 동네 이발소』, 『조금 특이한 아이, 있습니다』, 『사랑한다는 것』 등이 있습니다.

비타민 우뇌 IQ **9→10세 어린이용**

2010년 7월 10일 초판 1쇄 펴냄 | 펴낸곳 ㈜꿈소담이 | 펴낸이 김숙희 | 지은이 고다마 미츠오 | 옮긴이 안소현

주소 | 136-023 서울특별시 성북구 성북동 1가 115-24 4층
전화 | 747-8970 / 742-8902(편집) / 741-8971(영업) 팩스 | 762-8567 등록번호 | 제6-473(2002. 9. 3)
홈페이지 | www.dreamsodam.co.kr 전자우편 | isodam@dreamsodam.co.kr
ISBN 978-89-5689-689-2 64410
       978-89-5689-685-4 64410 (세트)

● 책 가격은 뒤표지에 있습니다.
● 꿈소담이의 좋은 책들은 어린이와 세상을 잇는 든든한 다리입니다.

TENSAI UNOU IQ DRILL(9→10SAIJI HEN)
ⓒ MITSUO KODAMA 2007

Originally published in Japan in 2007 by NITTOUSHOINHONSHA CO., LTD.
Korean translation rights arranged through TOHAN CORPORATION, TOKYO.,
and Eric Yang Agency, Inc.

이 책의 한국어판 저작권은 Eric Yang Agency를 통해 저작권자와 독점 계약한 꿈소담이 출판사에 있습니다.
저작권법에 의해 한국 내에서 보호를 받는 저작물이므로 무단 전재와 무단 복제를 금지합니다.